D1499800

Ludwig Harig
Mainzer Moskitos

Herzlichste
Geburtstagswünsche
von
Brigitte und Ludwel

im Dez. 1989

Ludwig Harig

Mainzer Moskitos

Tagebuch des Stadtschreibers

Mit Zeichnungen von Hans Dahlem

Pfälzische Verlagsanstalt

1989
Alle Rechte vorbehalten
© Pfälzische Verlagsanstalt GmbH, Landau/Pfalz
Umschlaggestaltung: Werner Korb, Neustadt/Weinstraße,
unter Verwendung einer Zeichnung von Hans Dahlem
Gesamtherstellung: Pfälzische Verlagsanstalt GmbH,
Landau/Pfalz
ISBN 3-87629-163-1

Zornig und vergeblich schlug sich Mr. Talliaferro auf den Handrücken . . .

Wild ließ Mr. Talliaferro seine Hand in den Nakken klatschen . . .

Er sah den Umriß des anderen in die Dunkelheit des Treppenhauses hinabtauchen, blieb auf einem Bein stehen wie ein Storch, klemmte die Flasche unter den Arm und hieb sich heftig auf das Fußgelenk . . .

Ohne sich zu bücken, winkelte die Nichte ein Bein nach oben und kratzte sich am Knöchel . . .

Die Nichte war wieder herangeschlendert und rieb die eine Wade am andern Schienbein . . .

Sie blieb neben ihm stehen und kratzte sich am Knie . . .

William Faulkner: Moskitos

I
Deutschland, ein Narrenschiff
Tagebuch einer Pfingstreise
1984

8. Juni 1984

Die älteste Herberge der Schweiz hat fünf Sterne, vier Fahnen und heißt „Drei Könige": Kaspar, Balthasar und Melchior stehen außen auf Steinpodesten unter dem Balkon im dritten Stock, und innen, am Ende der ersten Treppe auf rotem Plüschteppich, stehen sie noch einmal. Siebzig Dichter aus fünf Ländern haben sich hier in Basel versammelt, um auf Einladung der Stiftung Bahnhof Rolandseck einen fröhlichen Pfingstausflug zu unternehmen, rheinabwärts bis nach Rotterdam. Das Fahrgastschiff „Deutschland" der Köln-Düsseldorfer Schifffahrtsgesellschaft, das für fünf Tage „Narrenschiff 84" heißt, hat unter der Terrasse des Hotels an der Schiffslände festgemacht. Noch hängen die Wimpel, die Bänder, die Transparente schlaff im Wind, noch bläht der Dichteratem nicht das Narrensegel.

„Bei Knast und Bullenprügel kriegen Steine Flügel" ist auf die Hotelwand aufgespraypt, kunstvoll schweizerisch, und schon frage ich mich, ob das die erste Narretei ist, so nämlich, wie Sebastian Brant, der Dichter des Narrenschiffs von 1494 sie verstanden hat: als Torheit, als Laster, als Todsünde wider die guten bürgerlichen Sitten. In historischen Landauern und auf alten Überfallwagen der Basler Polizei kutschieren wir durch die Stadt: hat man schon etwas von Basler Ovationen für Dichter gehört? Ist je zuvor Erich Fried, freundlich grüßend, auf einem Überfallwagen der Polizei gesehen worden?

Zuerst geraten wir in eine Strawinsky-Ausstellung, dann in einen Skulpturenpark. In der Ausstellung sehen wir Strawinsky-Porträts von Picasso, Delaunay, Auberjonois und ein Bild von Strawinsky in der Badehose; aber beim näheren Hinsehen entpuppt er sich als Nijinsky, der Tänzer, wie er, in roter Hose und weißer Kappe, an einem Strand posiert, vielleicht für ein Strawinsky-Ballett. Im Merian-Park tritt uns eine leibhaftige Figur Dubuffets entgegen; sie bewegt sich gravitätisch, wir stehen da, essen Kuchen und trinken Champagner, und so freundlich diese fremde Figurine zwischen uns hindurchgeht, so unverschämt bedrängen uns die sonst so vertrauten Narren an der Schiffslände.

Während wir dem „Dreikönigs-Weglein" entlang die Treppe zum Schiff hinabsteigen, springen uns bestellte Narren an, fuchteln mit ihren Narrenkappen vor unseren Nasen herum, hauen uns ihre Narrenschellen auf die Köpfe; Muff staubt aus den Kleidern, Ralf Thenior knöpft sein helles Sommerjäckchen zu; Blut spritzt von einem Schädel, Guntram Vesper muß für den Rest der Reise sein Haar noch tiefer in die Stirne kämmen. Oskar Pastior, eingekeilt in bunten Putz und Plunder, sagt: „Ich komme mir vor wie ein Irrer zwischen Ärzten in weißen Kitteln." Wir gehen an Bord; zurück bleibt die Parole, die in den steinernen Laternenpfahl der Schiffslände eingeritzt ist: „Jeder ist entweder Teil des Problems oder Teil seiner Lösung. Holger Meins."

„An meinem Seile ich nach mir zieh
Viel Affen, Esel und Narrenvieh.
Ich täusche, trüge, verführe sie"
heißt es im Anfang des Narrenschiffs bei Sebastian Brant, und später singt er:

„Viel Narren sind wohl reif zum Drücken,
Die Toren sind in manchen Stücken.
Denen sitzt der Esel auf dem Rücken."

Ja, es ist ein Ziehen, und es ist ein Drücken, zuerst
zieht es den Narren hinab in die Programme, und
dann sind es die Programme, die ihn drücken. So
sind wir plötzlich mitten im Programm, die Kabel
sind gezogen, die Knöpfe sind gedrückt, Reinhart
Hoffmeister moderiert, und die Narren tanzen nach
seiner Pfeife, live, aber lustlos. Das ZDF macht das
Programm, aber ich bin aus dem Programm gefallen,
dabei dachten die Macher, ich sei der Obernarr, die
Zwitschermaschine, das Reaktionsgenie. Ich stand
da, brantgeschädigt und betreten, ich sollte ein Bild
erklären, das die Narren mir vor die Nase hielten,
aber ich wand mich vor der schamlosen Kamera,
man hatte mich für geistesgegenwärtig gehalten, ich
aber blieb dem heiligen Medium alles schuldig, ich
stotterte und hielt meine Jacke im Arm, nein, ich war
das Geld nicht wert, das das ZDF in das Unternehmen gesteckt hat.

Nachdem die Kameras ausgeschaltet sind, sitzen
wir da und rätseln an unseren närrischen Motiven
herum. Wer brach mit gesellschaftlichen Vorsätzen
auf? Wen trieben politische Implikationen? Wem
saß der Zeitgeist im Nacken? Wein fließt in Strömen, die Bar ist geöffnet. Die Analytiker forschen, es
rätseln die Auguren; darf eigentlich jemand seiner
Lust frönen, brav und absichtslos zu Pfingsten auf
dem Rhein zu fahren? Darf jemand seinem Wunsch
nachgeben, mit Freunden unterwegs zu sein? „Nun
ja", sagt die Dame vom Deutschlandfunk. „Nein",
sagt der Herr vom ZDF.

9. Juni

Ich erwache aus einem Höllentraum. Immer tiefer geht es hinab in einem grünschwarzen Schacht, abwärts in ein finsteres Loch. Wir liegen in der Schleuse von Ottmarsheim. Dann aber wirken die geheimen Kräfte der Hydraulik, der Steuermann fährt das Schiff ins Freie, die blauen Windrädchen drehen sich, die bunten Bänder knattern, Marckolsheim stößt schon seinen bleiernen Atem in die Morgenluft, Whyl schläft noch hinter dem Auenwald. Tief in der Nacht hat das Schiff in Basel abgelegt, jetzt fahren wir im betonierten oberrheinischen Kanal. René Schickele, der erste Europäer, hielt den Rhein für den „festen Falz, der das Land der Vogesen und das Land des Schwarzwaldes wie die zwei Seiten eines aufgeschlagenen Buches zusammenhält."

„Und durch den Arm/ genant der Gisen/
Die Schiff wie inn ain Port darflisen"

singt Johann Fischart in seinem „Glückhafft Schiff von Zürich", auch damals schon landeten die Zürcher Ratsherren tagsdrauf in Straßburg an, mit freundschaftlichen Schützengrüßen und einem originellen Gastgeschenk:

„Sie lisen auch gleich bringen dar
Den Hirs/ der zu Zürch kochet war/
Und lisen des auf jden Tisch
Ain Platt voll tragen/ warm und frisch."

Nach Mittag tritt auch unser Schiff durch das Schleusentor der Stadtschleuse von Straßburg; im Fensterviereck erscheint sie, die „wunderschöne Stadt", zwischen Schrottplätzen und Hebekränen, an

12

gelben Verladebühnen entlang schiebt sich die Silhouette des Münsters einmal links, einmal rechts des Fensterbalkens vorbei, als rücke jemand ein gewaltiges Panorama hin und her. Brigitte steht an der Schiffslände, sie steigt zu, stolz setzt der Schiffsjunge die Kölner Dreikronenflagge. An malerischen Wasserfronten entlang fahren wir mit kleinem Boot zum Château Rohan. Im Innenhof, hinter immergrünen Kübelpflanzen, sitzt eine Blaskapelle und schwängert die Luft mit tönendem Blechglanz. Die Musikanten, in schwarzen Hosen, in roten Gilets, blähen die Backen, die Trompeten blitzen in der Pfingstsamstagssonne. Die Tanzgruppe „Coquelicot" tritt auf, die Burschen und Mädchen in ihrer elsässischen Tracht sehen aus wie ihre Vettern und Basen auf den Etiketten der Edelzwickerflaschen. Ein Lehrerchor singt den Willkommensgruß, ein Troubadour beklagt das Leben, ein Orgelmann beschwört die Poesie, der Fernsehkameramann schreit nach mehr Kabel. Horst Krüger liest. Er singt sein Straßburger Locklied, spricht sein Lob der Stadt. „Sie spendet nichts als Lust", sagt er, und da zieht der Fernsehkabelträger auch schon seine Schläuche wieder ein.

Jetzt dröhnen die Abendglocken vom Münster; rufen sie uns ins Hohe Haus des Europarats? Es ist genug Platz, das Plenum ist leer. „Schriftsteller fordern Europa", heißt es im Programm, aber es ist Pfingstsamstag, die Abgeordneten sind abgereist, sie grillen zu Hause im Garten, inspizieren ihre Wahlkreise, genießen die elsässische Landpartie. So sitze ich zuerst auf dem Sessel von Mister John Hume, der Sessel ist blau und bequem, das Pult mit Hebeln und Schaltknöpfen bespickt, die Technik ist von Olivetti. Aber Marschall von Bieberstein, moderierender Kulturfunktionär des Europarats, bittet die Redner auf die Präsidentenplätze; und da sitzen wir kleingewachsenen Europäer nun: Erich Fried aus London, Eugène Guillevic aus Paris und ich aus Sulzbach, tief versunken in den heiligen Präsidentensesseln, die noch blauer, noch tiefer, noch bequemer sind als die der sterblichen Abgeordneten, für Giganten konstruiert, und auch die Technik ist von Siemens.

„Die Gecken-Narren!" rufe ich laut in den Saal, „und wenn ich dieses Wort richtig deute, dann sind dies die Abgeordneten und Advokaten, die volksfernen Entsandten, die auch in diesem Augenblick mit Abwesenheit glänzen, die entrückten Parlamentarier unserer Zeit." Ich erzähle meine deutsch-französische Eiergeschichte, aus meinem Vater-Roman, eine Geschichte, die sich ja tatsächlich zugetragen hat vor ein paar Jahren, und fordere mit poetischem Nachdruck das EG-Ei, das fürderhin nicht mehr nach nichts, sondern endlich nach einem Ei schmecken solle; aber die Abgeordneten sind weit entrückt, vielleicht essen sie in diesem Augenblick ein örtliches Landei und sorgen sich nur um ihr uneuropäisches Eigenwohl.

„Sie sehen, meine Damen und Herren!" rufe ich aus, „wohin es führen kann, wenn man, besessen von der Sehnsucht nach dem europäischen Ei, daraus eine Ideologie macht, eine Eier-Religion. Deshalb meine ich: bleiben wir beim Ei selbst, beim einenden EG-Ei, das endlich Geschmack bekommen muß, damit alle Europäer mit Lust und Genuß an die große runde Tafel kommen. Dazu gehört Ge-

14

duld, die vom Erdulden, Witz, der von der Weisheit kommt, und eine gute Nase. Nicht die Übergeschäftigen sind dazu imstande, die wie aufgescheuchte Hühner herumrennen, nicht die Übereuropäer, die schon gackern, bevor der Gockelhahn sie überhaupt getreten hat,

,Und Faßnacht legen schon ein Ei,

Singt auch der Kuckuck erst im Mai.'

Hier bin ich wieder bei Sebastian Brant angelangt", sage ich, „unserem Gewährsmann vom Narrenschiff. Was ist nun mit Europa? Was ist mit uns, die wir es schaffen wollen? Sind wir Narren des Unglücks, Narren des Glücks, Narren der guten Hoffnung? Ja, müssen wir – angesichts dieser leeren Bänke – nicht Narren sein, um so unvernünftig etwas so Kluges und Vernünftiges zu wollen, wie es Europa ist? Sebastian Brant sagt:

,Denn wer sich selbst als Narr eracht't,

Der ist zum Weisen bald gemacht.' "

Aber nein, der Heilige Geist Europas ist nicht ausgegossen, Hans Antonius Faverey weigert sich zu lesen, Michael Buselmeier fragt, warum er in diesem Hause sitzen und Parlamentarier spielen solle wie ein Schuljunge. Der Marschall tritt von einem Bein aufs andere, ihn juckt das Pfingstwetter, auch er wäre wohl lieber auf pfingstlicher Landpartie. Wir haben ihm zwar keinen warmen Brei mitgebracht auf unserem glückhaften Schiff aus Basel, dafür aber unsere Wörter, auch sie sind warm und frisch geblieben, nur diesmal ist niemand da, der von ihnen kosten könnte, und dem Marschall schmecken sie auch nicht.

Binger Mäuseturm

10. Juni, Pfingstsonntag

Was gestern früh die schwarzgrünen Mauern der Schleusenkammern, waren heute früh die weißgrünen Bordwände eines Zollboots: vor der Kajütenluke operiert es bordseits, schlägt Wellen ans Fenster und dreht schließlich ab. Der Bordlautsprecher lenkt die Augen nach links zum Karlsruher Ölhafen, aber über dem Auenwald zur Rechten drohen die Philippsburger Kühltürme. Neben dem Reaktor liegt die Kaffeeterrasse eines Jachthafens, unter einer Stauschwelle hervor quillt das erwärmte Kühlwasser, bald wird es Piranhas im Rhein geben, die Speisekarten werden sich auf amazonische Kost umstellen müssen. Das Schiff schwenkt nach rechts, nun steht linkerhand der Dom zu Speyer über dem Flaggenmast der Anlegestelle. Ein Turm, mit grünem Plastik bespannt, ist in ein utopisches Silo verwandelt.

Tanks und Tonnen, Bunker und Bagger künden Ludwigshafen an, hier liegt das Gold der achtziger Jahre gehortet, hinter der Glaswand von BASF, in den Tanks von ARAL, BP, Castrol, in den Containern von Stinnes, Sea-Land, Hapag-Lloyd, in den Pyramiden aus Frischbeton, Edelkies, Goldsand. Die Rheintöchter bleiben getaucht, sie warten auf die Götterdämmerung. Gegenüber der Ludwigshafener Walzmühle liegt das Mannheimer Schloß; in beiden Fassaden winden sich klassizistische Steingirlanden. Während wir Stangenspargel aus Wörth essen, erscheinen rechts in den Uferwiesen die Spargelstangen von Biblis. Ein paar Schritte rheinabwärts planschen Kinder im Uferwasser, ihre Väter, mit Sommerhüten auf dem Kopf, sitzen um einen Tisch herum und spielen Karten, die Mütter jagen nach einem Federball. Hier ist Zuckmayers Weinland, dort Elisabeth Langgässers Riedland.

Das Schiff legt an, da beginnen in Mainz alle Glocken zu läuten, tausend Luftballons steigen auf, Hanns Dieter Hüsch begrüßt auf seine Weise die Musen der Poesie, von Apollinaire bis zu den Männern der Müllabfuhr. Im Gutenberg-Museum wird ein Gedicht von Erich Fried gedruckt: „Narrenschiff 84: gedruckt von Johannes Strugalla auf der Handpresse im Gutenberg-Museum Mainz zu Pfingsten 1984: Warnung zu sagen. Hier herrscht Freiheit/ ist immer/ ein Irrtum/ oder auch/ eine Lüge/ Freiheit herrscht nicht." Der Mainzer Oberbürgermeister zeigt sein durchtriebenes Fuchsgesicht, er sagt: „Was der Bischof kann, das können wir auch. So wie er Petrus um schönes Wetter bat fürs Deutsche Turnfest, so ist Petrus uns heut beigestanden, als die Narren den Rhein herunterkamen, und wir haben nicht einmal gebetet."

Im Kirschgarten, zwischen alten Fachwerkgiebeln, unter bunten Glühbirnen, lesen die Narren. Die Mainzer sitzen an langen Tischen und lauschen Gedichten und Betrachtungen, die von Seepferdchen, Mammuten, Schweinen handeln und erzählen, wie weit es der Mensch gebracht hat. „So Leute, jetzt gibts Platz", sagt ein junger Mann und räumt einen Tisch; der Text vom Schwein hat seine Wirkung getan, er steuert mit seiner Freundin auf den Bratwurststand zu. Der Schweizer Jürgmeier sagt: „Ich bin jetzt drei Tage auf einem Narrenschiff und werde als Narr gehalten zur Erheiterung der Kulturfunktionäre, esse fünfgängige Menüs, trockne mich

Pfalz bei Kaub

an immer frisch gewaschenen Handtüchern ab, und bin doch gar kein Narr"; er ist in Wirklichkeit verplant, verstellt, verkabelt, also doch ein Narr, ohne es sich einzugestehen, weil er dazu gemacht worden ist. Auch er ist im Programm, und funktioniert. Es gibt sprachlose, ja wortlose Schriftsteller, denen die Wörter und das Sprechen nur so zuströmen, wenn die Mikrophone geöffnet sind und das sanfte Rauschen der elektronischen Kameras ihre Statements stimuliert.

11. Juni, Pfingstmontag

Jemand fragt Addy, unseren Frühstückssteward, woher sein Name abgeleitet sei; er sagt: „Von dem Unaussprechlichen." Addy schreibt Gedichte, er fragt: „Sagen Sie bitte, wer ist denn hier auf dem Schiff für Prosa zuständig? Ich habe nämlich ein paar Gedichte geschrieben." Eines davon lautet: „Dies was ich hier schreibe/ sind meine Gedanken/ meine Gefühle/ meine Einsamkeit/ auf ein bißchen Papier." Der Wind ist sein Freund, das Wasser seine Geliebte, die Nacht seine Widersacherin; auf mehr läßt Addy sich nicht ein. In der Bordzeitung, die Hans Christian Kirsch redigiert, lese ich ein Gedicht von Peter Betts, darin heißt es, liebevoll und beziehungsreich: „Vor der Kamera/ wortlos ein Dichter/ unfreiwillige Verweigerung/ peinliche Pause/ die Regie betet um Sendestörung."

Auf dem Oberdeck weht ein scharfer Wind, die Windrädchen drehen sich heftiger, die Bänder knattern lauter, die Buchstaben, im weitgespannten Netz

20

befestigt, lösen sich aus ihren Knoten und fliegen über Bord. Werden wir, am Ende unserer Reise, noch genügend Lettern zusammenbringen, um das Wort „Europa" daraus zu bilden? Die Pfingstglocke tönt aus dem Rheingauer Dom von Geisenheim, die Pfingsttouristen drängen aus der Rüdesheimer Drosselgasse in die Reisebusse, wir sitzen an Deck und sehen dem Treiben zu. Uwe Herms fotografiert, Hans Jürgen Fröhlich mustert das Niederwalddenkmal, Erich Fried schreibt ein Gedicht. Als wir am Loreleyfelsen entlangfahren, ertönt wieder die sanfte Stimme aus dem Lautsprecher: „The Loreley-Rock" sagt die Stimme, und Oskar Pastior sagt: „Paßt auf, jetzt wird er auch erklingen, der Loreley-Rock", und tatsächlich, ein gemischter Chor singt: „Ich weiß nicht, was soll es bedeuten." Die Poeten schauen hinauf in die Höh, oben auf dem Fels weht die schwarz-rot-goldene Flagge, gottlob steuert der Steuermann der Köln-Düsseldorfer mit sicherer Hand, und die Wellen verschlingen am Ende nicht Schiffer und Kahn.

Boppard: 11.36 Uhr. Der rheinland-pfälzische Ministerpräsident kommt an Bord. Empfangen Fluß und Schiff und Narren nun ihre höheren Weihen? Rolandseck: Die Dichter gehen an Land. Sie mischen sich rasch ins wartende Publikum. „Wo sind sie jetzt?" fragt ein Mädchen ihren Freund. Der schaut sich um und antwortet: „Ich weiß ja nicht, wie ein Dichter aussieht." Eine Ballett-Truppe tritt im Bahnhof auf; eine Schwarze, ganz in Silber gekleidet, mit silbernem Gesicht, silberner Stimme, eine Figur aus der futuristischen Zeitmaschine, aber sie schleift das schwarze Kabel unter dem Rocksaum

Oberwesel

nach, und im Busenausschnitt blitzt ein Mikrophon; das Fernsehen ist allgegenwärtig. Ministerpräsident Vogel rückt seinen Stuhl, rückt seine Brille, rückt seine Krawatte zurecht, ihm ist nicht wohl im Futurismus, er darf nicht bei Traumtänzern verweilen. Erst als der Trommler seinen Wirbel schlägt, ist Herr Vogel wieder auf der Erde zurück. Witold Wirpsza sagt: „Lesen Sie Marinetti, das ist doch lauter Blödsinn."

Im Bahnhof Rolandseck funktioniert die deutsche Überorganisation. Es ist 18.15 Uhr. Pünktlich um 18 Uhr sollen die Lesungen beginnen, um 22 Uhr erwartet man das Ende, um 18.30 Uhr soll das Büfett eröffnet werden, nicht später als 21.45 Uhr wird die Abfahrt des Schiffes erwartet. Es lesen dreißig Autoren aus der Bundesrepublik und der Schweiz, aus Frankreich und den Niederlanden. Vor mir sitzt der Ministerpräsident, über seinen Kopf steigt der Zigarrenqualm auf und hüllt mich, nicht nur metaphorisch, in eine Wolke von Duft und Dunkelheit.

Die Dichter lesen. Ich erkenne zarte Wangen und struppige Bärte, zwei Kernbeißer und zwei Hammerhaie, einen Großwildjäger, eine Nymphe und Oskar Pastior, der gerade sagt: „Was hier nicht entgangen ist und dort nicht entgegenkommt: der Zubiß." Draußen auf dem Balkon lärmen die Partydamen, unten auf dem Rasen musiziert eine kubanische Combo, längst ist der Ministerpräsident aus dem Saal gegangen, die einheimischen Damen folgen ihm, die Beamtinnen aus Bonn, die Unternehmerinnen aus Unkel, ihre Cousinen aus Königswinter. Nach dem kalten Büfett kehren nur noch wenige in den Saal zurück, aber, wie Gregor Laschen sagt:

„Das Programm wird durchgezogen." Es geht also weiter, bunt und beziehungsreich, „jeden Abend das Erstaunen", sagt Bruno Hillebrand, „es geht abwärts", sagt Ralf Thenior, „Fußtritte gegen Gedichte", sagt Michael Buselmeier. Einige Dichter verweigern sich, andere reisen schon ab. Auch Brigitte ist schon unterwegs nach Hause, aber sie wäre gern weiter mitgefahren. Für die Zurückgebliebenen steigen Heißluftballons in den Abendhimmel, närrisch tanzen sie vor dem Mond, der aber übermorgen erst voll sein wird.

12. Juni

Beim Aufwachen ist Stille ringsum, die Landschaft hat sich beruhigt, keine dramatischen Felsen, keine drohenden Fortifikationen mehr, wir sind in der Nacht an Köln und Düsseldorf, an Xanten und Kleve vorbeigefahren, Kühe und Schafe flanieren auf den Weiden, entlang ziehen Nijmwegens Sankt Stevenskerk mit ihrem gehäkelten Turm, Hollands Windmühlen mit ihren weißen Engelsflügeln, und immer wieder die schlanken Ausflugsboote, die Fatima und Ursula, Eva Maria und Santa Maria heißen. Dann tauchen die Tiefstrahler des Stadions von Fejenoord auf, die roten Stahlpylons der Autobahnbrücke, die sonnige Wasserfront der Westerkade von Rotterdam.

Martin Mooij von der Rotterdamer Kunststiftung kreuzt in schnittiger Barkasse mit dem holländischen Empfangskomitee steuerbords auf, Sirenen heulen, Wasserfontänen steigen empor, wir landen an. „Oh

when the Saints go marching in!" spielt die Jazz-
band, und da stehen wir vor den bunten Buden im
Hafen und lesen: „Nieuwe Haring – oude Genever",
ja, der alte Genever und die jungen Matjes, der eine
drückt auf die Leber, und die anderen ziehen das
Wasser im Mund zusammen. Bert Schierbeek zeigt
mir den Ketelbinkie von Rotterdam, den Schiffsjun-
gen, wie er dasteht, in Bronze gegossen, hohlwangig,
mit abstehenden Ohren, sein Bündel in der Hand.
Zum Abschied darf er die Mutter nicht mehr küssen,
Bert Schierbeek sagt: „Das ist holländische Erzie-
hung." Bert und Adriaan van Dis singen das Lied
vom Ketelbinkie, daneben rammt ein Rammbock,
Bert Schierbeek sagt: „Das ist holländische Poesie."

Beim Festbankett im großen Rathaussaal sagt der
deutsche Botschafter, die Narren hätten auf diesem
Schiff alles an Narretei vermocht, nur nicht, das
Pfingstwunder zu wiederholen. Da fällt Witold
Wirpszas Stock auf den Boden. Die heiligen Pro-
grammacher, die Verplaner und Verkabeler, die mit
gesellschaftlichen Vorsätzen aufgebrochen, von politischen Implikationen getrieben waren, auch die Te-
levisionsauguren, die den Zeitgeist im Nacken spür-
ten, sind verschwunden; da sitzen wir, endlich allein
gelassen, beim alten Genever und den jungen Matjes, und lachen uns eins ins Fäustchen.

Noch einmal lesen wir, in „De Doelen", es ist das
feurigste Publikum, das wir haben, es knistert und
knackt, die Zielgruppe stimmt, kein Wunder auch,
„de Doelen" heißt „die Ziele", früher war es die
Schießhalle der Stadt, heute wird hier gesungen.
„Also sprach der alte Zauberer", heißt es bei Nietzsche, „sah listig umher und griff dann in seine

Harfe." Und was sang er, der alte durchtriebene Zarathustra, er sang: „Du Narr! Du Dichter!" und er sang: „Eines Dichters und Narren Seligkeit!", und von denen, die ihm zuhörten, heißt es, daß sie „gleich Vögeln unvermerkt in das Netz seiner listigen und schwermütigen Wollust" gingen. Jagen und Schießen und Tanzen, das gehörte zusammen einst, heutzutage legt der Dichter mit Wörtern auf seine Zielgruppe an.

13. Juni

Jedes Land ist für einen Fremden ein imaginäres Land. Ich kehre, wie im Frühjahr schon einmal, aus Holland, aus Rotterdam nach Hause zurück. Ziehen heißt dort trekken; ich drückte also jedesmal, wenn ich durch eine Tür gehen wollte, und prompt stieß ich mit dem Kopf dagegen. Damals war ich von Martin Mooij eingeladen, während der Rotterdamer Ausstellung „Imaginäre Länder" zu lesen. Ich spazierte durch die Räume und sah all diese phantastischen Entwürfe, diese Modelle und Beispiele künftiger Welten, wie sie sich holländische Künstler vorstellen. Da gab es Landkarten und Stadtpläne, Grammatiken und Wörterbücher, Zettelkästen und Alphabete, Lehrbücher für Flora und Fauna, Logbücher und Briefmarken, Kleidung und Spielzeug, technische Apparaturen und Anleitungen für entworfene Zivilisationen, und alles sah sehr holländisch aus, mit Grachten und Kanälen, und die Inseln waren ein erfundenes Indonesien.

Jetzt sitze ich im Intercity-Zug und fahre rheinauf; Rolandseck drückt immer noch aufs Gemüt, und wiederum zieht Loreley die Blicke an. War die Dame vom Deutschlandfunk vielleicht Frau Venus aus dem Brantschen Narrenschiff, mit prächtigen Flügeln, wallendem Haar, prallem Mieder, die den Narren immerzu am Seile zieht? Und war der Herr vom ZDF wohl der Esel, der mit seinen Hufen den Rükken des Narren drückt? Aber was ist ziehen? was ist drücken? „Nicht trekken", sagte der Holländer, als ich endlich ziehen statt drücken wollte, „duwen." Ja, „lieblich ist's, zur rechten Zeit ein Narr zu sein!" singt Horaz in einer Ode.

Duwen ist holländisch und heißt drücken.

II
Mainzer Moskitos
Tagebuch des Stadtschreibers
1987

In Hamburg wird die Eisbarriere gesprengt, in Cham versinken die Autos in Schneewehen. Auch in Mainz friert Stein und Bein zusammen. Wie vom Silberstift gezogen zeichnen sich Eisblumen auf den Fensterscheiben ab, Schneeflocken wirbeln in grotesker Choreographie um Dom und Holzturm: es ist ein Donnerstag wie bei Wilhelm Raabe in der Sperlingsgasse, als weiße Zipfelmützen durch die Luft flogen und alle Gesichter sich verwegen dem Schneetreiben zukehrten.

Der Festsaal des Gutenbergmuseums ist vollbesetzt, auch die Freunde sind gekommen, den neuen Stadtschreiber zu feiern, aus München, von daheim, im Flugzeug, im Auto, mit der Eisenbahn auf Minigruppenkarte. Anton Maria Keim, Dieter Stolte, Jokkel Fuchs stellen den Stadtschreiber vor, jeder auf seine Art. Jockel Fuchs überreicht Brigitte einen Mainzer Blumenstrauß mit roten und weißen Nelken und rotweißem Band. Karl Krolow hält die Laudatio, er preist die geschwinde Art des Preisträgers. Zum Dank beschwöre ich Spirale und Schießscheibe, das Emblem des Pataphysikers, der ich selber bin, das Attribut des Schützen, der mein Vater war. Das ZDF entledigt sich des Schecks, die Stadt Mainz spendiert Wein und Brezeln, die Urkunde ist auf der Gutenbergpresse gedruckt. Dann feiern wir ein bißchen in der neuen Stadtschreiberwohnung, hoch im Giebel des „Römischen Kaisers".

Nachdem alle Gäste aufgebrochen sind, stehen wir eine Weile auf der Türschwelle. Draußen schneit es, unaufhörlich. Noch hat sich kein Fuß auf die weißen Fluren gesetzt. Unsere Augen spazieren über die Schneewiese von Liebfrauen hinauf in die zerklüfteten Firnfelder des Domgebirges.

16. Januar

Im Giebel des „Römischen Kaisers" brennt früh schon Licht. Und welch heimelige Geräusche! Die Kaffeemaschine summt in der Küche, der Schreibstift schnurrt auf dem Papier, die Tauben gurren im Dachstuhl. Hin und wieder tanzen ein paar Verwegene an unserem Giebelfenster vorüber, wenden im Flug und kehren unters Gebälk zurück. Unbewegt, im Haus gegenüber, sitzt eine weiße Katze auf der Fensterbank und reckt die gespitzten Ohren gegen die Scheibe. Der Schnee, der in der Nacht noch weiß und unberührt über den Liebfrauenplatz gebreitet lag, hat Abdrücke und Farbe bekommen, schon früh am Morgen ist er gerieft von den Rädern der Marktwagen und grau vom Schmutz der Sohlen. Immer noch ist es bitterkalt; Gutenbergs Bronzekopf auf dem Betonsockel trägt eine weiße Baskenmütze.

Die Stadtschreiberwohnung ist skandinavisch möbliert: Schränke, Stühle, Tische, Sessel und Bett, alles ist aus gelbem Holz, hell und freundlich. Auf dem quadratischen Tisch prangt der Mainzer Nelkenstrauß, auf dem breiten Regal thronen Fernsehapparat und Schreibmaschine, Marke Adler. Mein erster maschinengeschriebener Mainzer Satz lautet: „Ohne Fernsehapparat ist der Mensch kein Mensch." Doch das K von „kein" ist mit so schwachem Anschlag getippt, daß es fast nicht zu sehen

Dom, vom Bockshöfchen

ist. Abends sitzt die Katze von gegenüber immer noch am gleichen Fleck. Die Tauben sind längst in ihrem Schlag verschwunden, die Katze sitzt da und spitzt ihre Ohren, als gäbe es etwas Besonderes zu hören. Sie ist weiß, sie ist aus Porzellan. „Jetzt schlägt die Stunde der närrischen Wahrheit", schreibt Moguntinus in seiner Morgenglosse der Mainzer Allgemeinen. Wer ist Moguntinus?

17. Januar

Der Winterhafen ist zugefroren. Wo das Wasser des Hafenbeckens in den Strom übergeht, haben sich Eisschollen aufgeworfen wie in einem Bild von Caspar David Friedrich. Doch die Bedrohlichkeit des Kunstwerks ist gemildert im wirklichen Leben: Hunderte von Tauben, weiße und schwarze, haben auf den Schollen Platz genommen und krächzen nach Futter. Ich hole zu einer tiefsinnigen Betrachtung über Kunst und Leben aus, doch in diesem Augenblick friert mein Schreibstift ein.

6. Februar

Ungenutzt habe ich die Gelegenheit verstreichen lassen, die Gutenbergbibel aus dem Tresor des Museums zu stehlen und – vielleicht nach Japan – zu verkaufen. H. C. Artmann, mein Vorgänger im Amt, hat nämlich die Hausschlüssel, die er irrtümlicherweise mitgenommen hatte, aus Salzburg herge-

Kastel, mit Theodor-Heuß-Brücke

schickt, und ich gebe den Schlüsselbund zurück, den man mir ersatzweise überlassen hatte.

„O Gott im Himmel!" ruft der Hausmeister aus und liebkost den kleinen Schlüssel mit dem grünen Bändchen, „Sie hatten ja den Schlüssel zum Tresor. Wissen Sie überhaupt, was die Bibel wert ist?" Er schüttelt den Kopf, steckt den Schlüsselbund in die Hosentasche und sagt: „Millionen."

7. Februar

„Schön. Gut gemacht", sagt der Ranzengardist. Er steht vor der Dekorationswand im Foyer des Rathauses: „150 Jahre Mainzer Ranzengarde 1837– 1987." Die Buchstaben glänzen in Gold, die alten vergrößerten Illustrationen der Garde prangen in blauer, in weißer, in roter Farbe, die Westen der Gardisten sind gelb, und auf den Spitzenjabots prangen die gewaltigen Orden und Medaillen. Auf der Bildwand sieht man den ersten Generalfeldmarschall mit seinem Adjutanten Lederbach, den Major-Courir Stiefel mit seinem Adjutanten Reppskuchen und den Obristen von Eisenklau mit seinem Adjutanten Kohlebuttge.

Die Blaskapelle hat vor der Rathauspforte Aufstellung genommen, doch noch stockt der Atem der Zuschauer, die zur Eröffnung der Jubiläumsausstellung gekommen sind. Im Foyer stehen Gardisten in vertraulichen Gesprächen mit Zivilisten herum, ein Bild skurriler Zweisamkeiten, gescheitelte Herren in winterlicher Alltagskleidung und bezopfte Uniformierte im Dreispitz, mit Dolchen, mit Quasten, mit

36

Federn geschmückt: Figuren aus dem Kostümfilm. „Sei ruhig jetzt", sagt eine Mutter zu ihrem Dreijährigen, „gleich kummt de Babba rei!", und im gleichen Augenblick, es ist Punkt 14 Uhr 11, rummeln Trommeln in der Pforte, Flöte und Glockenspiel ertönen, die Glasscheiben der Vitrinen klirren, die Plastikquadrate der Deckenverkleidung beben, die Garde marschiert ein: das Foyer dröhnt, das Rathaus zu Mainz ist zur karnevalistischen Kaserne umfunktioniert.

Anton Keim, der Mainzer Kulturdezernent, spricht von der großen Säkularfeier, „wir alle in Mainz sind Kinder der Geschichte", sagt er, „150 Jahre hin, 150 Jahre her, das sind 300 Jahre." Die Mainzer lauschen, sie lachen nicht, sie nehmen das Spiel ernst. Erst bei der Erwähnung der Spielbank geht ein Kichern durch den Raum, Geld und Geschichte, diese Dialektik wird in Mainz begriffen. Von heut ab herrscht im Rathaus Max Kress, der Generalfeldmarschall der Ranzengarde, „du hast das Kommando!" sagt Anton Keim.

Kress ist Oberbefehlshaber, er hat das Kommando; er ist Ranze, doch er hat keinen Ranzen. Er ist schlank und schmal, vor 150 Jahren hätte er dem Gardemaß nicht entsprochen und wäre verworfen worden. Denn nicht der Ranzen auf dem Buckel, sondern der Ranzen als Bauch gab der Garde ihren Namen: der Gardist mußte mindestens zwei Zentner wiegen, sein Bauchumfang mindestens sieben Fuß betragen. Max Kress sagt: „Liebe Narren von Mainz, dank uns gibt es 150 Jahre organisierte Fassenacht in Mainz, 1865 traten wir als Barbarossagarde, während der siebziger Jahre des vergangenen

37

Jahrhunderts als Hofnarrengarde auf, doch im Geiste sind wir immer Ranzengarde geblieben, uniformiert, diszipliniert, sauber. Helau, helau, helau!"

Rudi Henkel tritt vor. „Halt mal mei Peif!" sagt er zu Max Kress und überbringt die Glückwünsche des MCV. „Jetzt kannste ma die Peif widder gewwe!" sagt er und gibt das Wort an den Festredner aus Würzburg. Das Gratulationsritual ist militärisch; kurz, bündig, schneidig. Dann gibts Wein im Römer, zuerst für das Corps der Honoratioren. Eine Dame im Leopardenpelz tritt hinzu, die Herren erheben ihr Glas mit gezierter Gebärde und trinken der Dame zu. „Mir langts", sagt ein einfacher Gardist, „ich geh haam."

8. Februar

Wie war es möglich, eines für ein anderes zu halten? Die warmen Brüder entpuppen sich als kalte, die lauwarmen als „Eiskalte Brüder". Wie konnte ich mich so gründlich täuschen?

Da sitzen wir, eingeladen von ihnen, zur 3. Großen Fremdensitzung in der Narrhalla zu Gonsenheim; die Herren, schwarzgewandet, mit Narrenkappen auf dem Kopf, die Damen, in bunten Nachmittagskleidern, mit Schmuck behängt, mit Gold bestäubt. Die Tische sind lang und schmal, die Gänge dazwischen noch länger, noch schmaler, doch die leibliche Nähe erzeugt Wärme, der Rheinhessenwein befeuert die Geister, und so ist das Publikum schon angemuntert, als die jungen Musikanten, Punkt 17 Uhr 11, in weiten, türkisblauen Hemden und fri-

Karmeliterkirche

scher Stutzfrisur, mit einem Medley aus den zwanziger Jahren die Sitzung eröffnen. „Puppchen, du bist mein Augenstern!" spielt die Kapelle, und tatsächlich, da hüpft ein Puppchen durch die Reihen, mit rotem Käppchen auf dem Haar, rotem Herzen auf der Bluse, rotem Punkt auf der Nasenspitze.

Auf der Bühne erscheinen Dr. Weißnix und Frau Merktnix, Prinz Karneval sieht aus wie Rumpelstilzchen, die Szene wird zum Tribunal. Lärmend zieht das Komitee ein, angeführt vom Musikzug der Grenadiergarde: der Standartenträger reckt die Fahne, der Trommler wirbelt mit den Schlägern, Kinder winken mit Nelkensträußchen. Da erfaßt uns der Hauch der Stunde, ehrerbietig erheben wir uns von unseren Plätzen und applaudieren dem Saalregiment, ein Haus voller Narren. Eiskalte Brüder, eiskalte Brüder, gebt acht auf die Adlerkralle! Sie hören's nicht, sie sehen's nicht, dreifach donnert das Helau.

Ja, die Adlerkralle der Bühnendekoration greift nach dem Sitzungspräsidenten, dem schon jetzt, obwohl kältester der Brüder, glänzender Schweiß von den Schläfen rinnt. Er hebt an zu sprechen, er spricht, er verspricht sich. „Junge, Junge, heut hab ich widder ein paar Versprecher druff", sagt er, „awwer Sie brauche nit se lache, ich sags Ihnen jedesmal." Und dann überschlagen sich die Ereignisse: der Protokollchef reimt die Grünen auf Oskar, den Hünen; der verkabelte Fernsehmensch nennt Goethe als Autor von Gallensteins Lager; „Ich mache lieber mittwochs e Dreier als sonntags im Lotto", sagt der Heiratsvermittler und kümmert sich nicht um den Text des Büttenlieds, worin es heißt: „Stets in bester Lebenslust,/Zotenfrei, doch freudbewußt."

Die Rheingoldsänger nehmen sich der aktuellen Themen an: Wasserwerk, Kir Royal, Becquerel heißen die neuen Wörter; die Kraftsportler aus Finthen spielen Pirat und Matrose, doch rasch hat der sportliche Effekt die Geschichte von Sturm und Schiffbruch vergessen lassen, Flickflack und Salto mortale beherrschen die Szene, Trapeze und Pyramiden entstehen in immer wechselnden Figurationen, mit den Matrosen als Untermännern, den Piraten als Akrobaten. „Bravo!" ruft das Puppchen, und der rote Punkt auf seiner Nasenspitze glänzt wie ein Feuermal. Nun kündigt der Präsident die Tanzgarde aus Kaiserslautern an, er schaut mit blanken Augen auf die schmucken Mädchen, er spricht von ihren Vorzügen, ihren Erfolgen, er verspricht sich wieder. „Die sind alle gleich groß und gleich dick", sagt er und zeigt nach den schlanken Tänzerinnen, „bei einer Bühne voll solcher Mädchen wird's einem noch wärmer." Da platzt das Gummiband eines Unterhöschens, und Philipp Becker hat allen Grund, sich wieder zu versprechen.

In der Pause begrüßt er die geladenen Gäste zum Umtrunk im Nebenzimmer der Turnhalle; es sind nur Männer geladen. Da bäumt sich ein eiskalter Bruder neben dem anderen auf, die Narrenkappen bekrönen die mächtigen Schädel. Die Brüder schnarren und schnauben, es gibt Bier und heiße Fleischwurst vom Ring, die Brüder kauen und knurren, nie in meinem Leben bin ich einem leibhaftigen Fastnachter so nahe gekommen. Der Präsident verleiht mir den Orden der Kampagne, da hat der Spaß ein

Ende. Die Mitausgezeichneten nehmen ihre Orden zwischen die Finger, wenden sie hin, wenden sie her, streicheln über das goldglänzende Metall, und es tritt ihnen auch eine Träne ins Auge. Sollten einst nicht Titel und Prunksucht persifliert werden? Heiliger Bajazz, das ist lange her, heute gilt ein Orden wieder was.

Nach der Pause ist die Bühne von tanzenden Katzen besetzt. Sie drohen mit den Pfoten, schlagen mit den Tatzen, ihre Schwänze wippen im Takt der Musik. Kaum ist sie verklungen, springen die Katzen auf den Komiteetisch, umschlingen mit den Pfoten die Köpfe der Herren und pflanzen ihnen dicke rote Katzenküsse auf Glatzen und Wangen. „Jetzt seh ich von vorn aus wie e Pavian von hinne", sagt Präsident Philipp Becker, und das Puppchen mit dem roten Herzen auf der Bluse hüpft hin und her auf seinem Stuhl. Die Musikanten in den Türkishemden spielen einen Tusch, sie setzen die Trompeten ab, wischen sich über den Mund, verziehen keine Miene.

15. Februar

Wechselfälle des Lebens

    Zeit vergeht
    Kopf besteht
    Glück sich dreht

Michael Wolff setzt und druckt den Text, den ich für die „Stadtschreiber Matinee" des ZDF geschrieben habe, als Plakat.

42

Kapuzinerstraße

Die Mainzer Fastnacht ist Männersache, doch die Frauen dürfen mitlachen.

Ein prächtiges Bild bietet die Bühnenwand der Rheingoldhalle. Das Wappen mit den Rädern trägt die gigantische Narrenkappe, linker Hand ist zu lesen: „Vergess' emal de ganze Kitt!" und rechter Hand: „Setz die Kapp uff und mach mit." Die Kapelle, schwarzweißrot und blauweißrot zugleich gestreift, intoniert: „Es war einmal ein treuer Husar", und der Husar, in schwarzem Hut und schwarzen Stiefeln, im blauen Rock mit roten Umschlägen, tanzt keck auf die Bühne. Der Narrhallamarsch erklingt, und eine nicht endenwollende Schlange Uniformierter marschiert durch den Saal. Es sind Füsilier- und Dragoner- und andere Jokusgarden, sie marschieren im Gleichschritt, treten im Gleichschritt auf der Stelle, und im Gleichschritt marschieren sie weiter und füllen die Bühne. Doch nur für einen Augenblick. Rolf Braun begrüßt die Garden, die Gäste, die ganze versammelte Narrenschar, wie er sagt, und prompt marschieren die Garden wieder von der Bühne herunter, treten erneut auf der Stelle, wenn es zu einer Stockung kommt, und nach wenigen Minuten steht vor dem bombastischen Bühnenhintergrund nur noch die Bütt auf der Rostra.

Was sich nun ereignet, sind Ekstasen der Ungeniertheit. Der Protokoller beklagt die Rhein- und sonstige Weltverschmutzung, der Bote aus dem Bundestag kalauert in politischer Prosa: ist das das Florett statt des dicken Knüppels? Die Spaßmacher-Company spielt: „Alles Paletti." Ja, alles ist in Ord-

44

nung, es gibt keinen Grund zur wirklichen Klage. Rolf Braun, der Sitzungspräsident, räuspert sich laut, er greift sich an den Krawattenknoten und ruft: „Hier ist das Ballett brasilianisch!" Er müsse es wissen, erzählt er, weil er letztes Jahr an der Copacabana in Urlaub gewesen sei.

Nach der Pause erscheinen Mädchen, die wie Georgierinnen aussehen, aber Russinnen sind, die sich als Agentinnen aus einem James-Bond-Film entpuppen, welche nach einer Melodie der Gruppe Dschingis Khan auf griechische Weise zu tanzen beginnen. Es ist das Bolschoiballett aus Frickhofen. „Mir wolln widder heem, widder heem nach Määnz!" singen die Ritter von Schloß Gallenstein, und als Reim fügen sie hinzu: „Dann sinn ma widder ääns!" und urplötzlich springen alle im Saal auf, recken die Arme in die Höhe und rufen lauthals: „Määnz bleibt Määnz!" als fürchteten sie, irgendjemand sei es in den Sinn gekommen, den Mainzern ihre Identität zu nehmen.

20. Februar

„Mir hawwe nix zu tun mit dene feine Pinkel", sagt der Sitzungspräsident der Ranzengarde, irgendein Oberst oder General mit Bart und Brille, stößt seine Zigarettenkippe in den Aschenbecher und bläst den Rauch über die Köpfe der Spielgruppe, die eben ihren Sketch zur Kleiderordnung beendet, in Reih und Glied Aufstellung genommen und lauthals ausgerufen hat: „Die Fassenacht muß sauber bleibe!" Kleiderordnung, Sauberkeit, Disziplin: schon als wir um

die Fassade des Kurfürstlichen Schlosses in die
Diether-von-Isenburg-Straße einbogen, sahen wir
uns jäh ins vergangene Jahrhundert versetzt: zwei
Gardisten, in weißer Hose und rotblauem Rock, mit
Brustschlopf und Perücke, kamen uns aus der Greif-
fenklaustraße entgegen, furchteinflößend. Da wußten wir schon, heute abend würden wir nicht unter
feinen Leuten sein.

Trompetensignal, Stimmengewirr, Vorhangrau-
schen; unter ohrenbetäubendem Lärm zieht die
Garde in den Saal ein, aller preußische Schneid, aller bayrische Krach, aller französische Pomp, vergli-
chen mit dieser monströsen Kakophonie, ist nur Flü-
gelschlag kultivierten Militärs, Hauch uniformierter
Etikette; die Ranzengarde mußte es von Anfang an
mit Preußen, Bayern und Franzosen aufnehmen,
und ihr karnevalistisches Regiment, drum rauher, ro-
buster, vulgärer begründet, konnte nicht mit gesitte-
ten Gepflogenheiten kokettieren. Die Trommler
hauen doppelt so fest auf das Fell, die Trompeter
blasen doppelt so kräftig in das Blech, und die Flöti-
stinnen hauchen doppelt so heftig in die Piccolos als
es nötig wäre, den Saal in ein Tollhaus zu verwan-
deln. „Dem Musikzug unsrer Gadde ein dreifach
donnerndes Helau!" ruft der bärtige Präsident, und
tatsächlich, ein dreifacher Donner geht über den
Saal nieder und erstickt die Seufzer unseres Zwiege-
sprächs.

Danach singen wir. Das Lied hat unzählige Strophen, die Melodie ist unbekannt, der Text ist unbekannt, es hilft das Liederheft, es hilft die Kapelle;
der Text ist in dicken Lettern abgedruckt, von der
Melodie intoniert die Kapelle drei Takte zum Mit-

singen. Erst singen die Frauen, dann die Männer, dann Frauen und Männer den Refrain, mal im Sitzen, mal im Stehen, mal im Drehen um 180 Grad. Die Ranzengarde hat den Sauhaufen auf Vordermann gebracht, und zwar das Volk auf den Gassen und die feinen Pinkel im Haus. Der Präsident ist zufrieden, er lobt den Gehorsam der versammelten Narrenschar. Kleiderordnung, Sauberkeit, Disziplin, die Mainzer Fastnacht ist eine deutsche Fastnacht.

Das Gardeballett stürzt auf die Bühne, die Kunstkraftsportler stürmen aus den Kulissen, sie machen keine großen Umstände, Beine fliegen, Röcke fliegen, Bänder fliegen, der Geschichtsprofessor erklärt, wie die Mainzer das Hallelujah zum Helau gekürzt haben. Er steht zum erstenmal in der Bütt, er ist Abgeordneter der CDU im Bundestag in Bonn, wo er das mainzerische Helau wieder in ein gesamtrheinisches Hallelujah zurückverwandeln wird. Der Präsident dankt den Akteuren, er verschenkt schwarze Beutel von Blendax, grüne Flaschen von Kupferberg, „das ist keine Werbung", sagt er, „das ist unser gutes Recht."

Dann singen wir wieder. Wir singen: „La, la, la, la, lalala!" und werden nur noch übertroffen von den Rheingoldsängern, die erneut das deutsche Gesellschaftsleben persiflieren. Doch hier auf einmal, im rauhen Flair der Ranzengarde, klingen die Tenöre, die sonst hinschmelzen im Timbre ihrer Stimme, wie Gießkannen, und der russische Baß ist rauh und röhrt wie ein rostiges Horn. Ich sitze da und schreibe hin und wieder einen Satz in mein Notizbuch. „Sie haben doch nix dagegen, wenn ich mir ein paar Notizen mache?" frage ich meinen Nachbarn, demütig und entschuldigend. „Schreiben Sie nur", sagt er und schaut gönnerhaft auf mein schwarzrotes Büchlein, „wenn ich's nur net lesen muß."

22. Februar

Das römische Mainz. Rolf Dörrlamm, der Journalist vom „Mainzer Anzeiger", ist unermüdlich auf Spurensuche und setzt auch uns auf eine Fährte. In der Weißliliengasse sind beim Ausheben einer Baugrube die Reste eines römischen Badehäuschens entdeckt worden. Die Baugrube ist nach allen Seiten abgestützt, mit Balken nach der Fahrstraße, mit Eisenschienen gegen die Häuserwand an der Goldenbrunnengasse. Das Fundament des Badehäuschens liegt unter Plastikplanen und Holzbalken, auf denen eine dünne Schneedecke geschmolzen war, die jetzt, in grimmiger Kälte, zu körnigen Kristallen geronnen ist.

Es ist Sonntag. Die Archäologen haben ihre Spaten ins Wochenende mitgenommen, die Schubkarre steht gegen die Abstützung gelehnt. Auch die Baumaschinen von Caterpillar, gelbe Rieseninsekten, rühren sich nicht. Sie haben ihre Fühler in den Schnee gesteckt, doch grotesk, als seien sie in weit ausholender Bewegung starr geworden vor Frost, recken sie Arme und Beine in die Winterluft, und das Eis friert über ihren Zähnen zusammen.

Dommuseum

27. Februar, vormittags

Im Sitzungssaal des Rathauses wird der Maler Hans Kohl gefeiert. Zu seinem neunzigsten Geburtstag ist eine Mappe mit alten Radierungen wiederaufgelegt worden. „Man möchte so sein wie Hans Kohl", sagt Toni Keim, „gebürtiger Mainzer, Bürger von Heppenheim, Ökogärtner, Weltbürger." Und er malt mit seinen Worten das Bild des Puppenspielers der zwanziger Jahre, des Porträtisten und Illustrators, des Freimaurers, des Philosophen. Unter dem Mainzer Rad, bei Wein und Brezeln, fühlt sich der Heppenheimer Weltbürger aus der Hambacher Mühle sichtlich wohl, er ißt einen Bissen, trinkt einen Schluck, lächelt weise. Das sei ein Mann, der über das 20. Jahrhundert nachgedacht habe, sagt Keim, ein Deutscher, der an seinem Namen trage, denn es sei nicht alles Kohl, was male. Im Dritten Reich sei Kohl nach innen emigriert, habe Blumen gemalt, was ihm den Spitznamen „Blumenkohl" eingetragen habe: so habe er mit scheinbar unpolitisch gemalten Blumen überlebt.

Im Jahre 1925 feierte das katholische, das evangelische, das jüdische Mainz zum Gutenbergjahr, „eine Trilogie der Toleranz", sagt Toni Keim, und es spreizen sich weiße, blaue und rosa Blüten des Dekorationsstraußes, als suche jede von ihnen die schöne Harmonie im Dreiklang der Farben zum Vorschein zu bringen. Jockel Fuchs schaut die Radierungen an, er beugt sich über die Blätter, betrachtet die alten, längst verschwundenen Motive, den jüdischen Friedhof von einst, die Weisenauer Synagoge, die Judengasse. „Wenn man bedenkt, was wir Deutschen nicht alles getan haben, man könnte weinen", sagt er, doch dann faßt er sich rasch, blitzt mit den Augen und fügt hinzu: „So, jetzt trinken wir ein Glas Wein", und als der eine mit dem anderen, der andere mit dem nächsten ein Gespräch anfangen will, wiederholt er: „Habt ihr's nicht gehört: jetzt trinken wir erst mal ein Glas Wein."

27. Februar

„Mainz bleibt Mainz, wie es singt und lacht." Ein schwarzer Gutenberg, kein roter Bote aus dem Bundestag, der Protokoller reimt die Grünen auf Oskar, den Hünen. Hat Heiner Geißler tausend Gesichter? Kann ein aufrechter Gang eine krumme Tour sein? Die Fastnachter bewegen sich, brav und gemütlich, durch ein restauratives Idyll. Ist diese Mainzer Fassenacht wieder politisch?

Margit Sponheimer singt, Tina Neger singt. Margit Sponheimer setzt die Töne, doch die Stimme glänzt nicht mehr, der Schmelz ist gesplittert; Tina Neger, noch nicht sechzehn, wirft ihre Töne empor, die Stimme blüht auf, ihr wachsen Knospen auf der Lippe. Sie singen ein Duett, doch das Stimmungslied ist ein Melodram, ein nostalgischer Abgesang. Ist das, was zu Ende geht, im Heraufkommenden gerettet? Die Kamera zeigt Ernst Neger, Tinas Großvater, einst hat er gesungen: „Heile, heile Gänsje"; das ist lange her, und nun steht er da, sein Lächeln friert ihm auf den Lippen, die Hand, die zum Narrengruß an die Kappe fährt, fällt schlaff herab, Fleisch ade! Wir sitzen vor dem Fernsehapparat, dreißig Jahre sind es her, seit Ernst Neger auf der Bühne stand, den Lederschurz vorgebunden, mit erhobenen Händen beschwor er das bessere Leben, versprach uns, daß alles wieder gut werde. Nun geht's den Bach hinab, den Orkus hinunter, da kann auch das Gänschen nichts mehr heilen.

Und Joe Ludwig? Und die Gonsbachlerchen? Carne valet! Joe Ludwig dreht die Handorgel und singt, die Gonsbachlerchen wechseln die Jacketts und singen auch. Doch ob Richter, ob Grüner, ob Arzt, ob Arbeiter von Bau, Steine, Erden: sie sind Gefangene ihrer Zeit, geschlagen vom Arm der Jahre, und am Ende tragen sie wahrhaftig die Sträflingskluft. Doch auch uns geht's nicht anders. Wir sitzen da, aus Joe Ludwigs Drehorgel quetschen sich die Töne, noch rostiger geworden sind die Scharniere, noch schartiger die Räder, die Walzen sind abgenudelt, und eine tiefe Melancholie entweicht der Orgel. Ja, auch uns geht es nicht anders, wir glotzen auf die Mattscheibe, wir gucken in die Röhre. Die Scharten sind unsere Hiebe, der Rost ist unsere Patina, der Lochstreifen ist ausgeleiert, ein Lochstreifen ist nicht haltbarer als Pappe eben ist.

Noch ist der Vorruheständler ein junger Alter, kein alter Alter, wie er sagt, er spricht vom Blumengießen, vom vieldeutigen Handhaben der Gießkanne, vom zweideutigen symbolischen Drehen und Wenden der Gießkannenschnute. Aber auch im karnevalistischen Blumengießen ist Spätzeit, Endzeit, Ausverkauf; der Friedhof ist der Ort seiner Nummer, der Vorruheständler kokettiert mit den kostümierten Damen und treibt ein makabres Wechselspiel. Carpe diem und Carne valet. Im Hintergrund der Bühne liegt Mainz, hinter einer Stadtmauer aus Styropor und einem Moguntia-Tor, dessen Säulen gottlob die Eule ziert. Es ist das bürgerliche Mainz der vorigen Jahrhundertmitte, der Rhein ist blau, die Wiesen sind grün, die Häuser pastellgelb, ja, noch ist der Sandstein nicht korrodiert, das Gras nicht vergiftet, das Wasser nicht verpestet.

Die Parzen stehen vor dem Sockel, unbewegt, unauffällig wie Schaufensterpuppen, es sind Breakdancerinnen in roten Kostümen. Nur hin und wieder geht ein Zucken durch ihre Glieder, dann bewegen sie sich, mechanische Gliedermenschen aus dem nächsten Jahrtausend. „Grand Malheur!" war das letzte Wort der Gonsbachlerchen, das versöhnliche „Auf Wiedersehn!" und das stets wiederkehrende „Und im Wald, da sind die Räuber!" klangen schon aus einer anderen Welt.

28. Februar

Es ist Samstagvormittag, fast ein Vorfrühlingsmorgen. Zwischen den kahlen Büschen am Gautor sitzt eine Amsel am Boden und wendet die feuchten, verrotteten Blätter. Ihr gelber Schnabel sticht wie ein Florett ins Gestrüpp, Blattstiele wirbeln in die Luft, Käferlarven blitzen in den Lichtflecken der Frühsonne. Eine Bierflasche liegt neben der Parkbank, ein Tannenzapfen im Schmelzwasser, in einem Garten dröhnt eine Motorsäge.

Jetzt sitzt die Amsel auf dem Kopf der barmherzigen Schwester aus Bronze, die vor dem Institut für Rechtsmedizin im Rasen steht. In der Gaustraße

Altstadt

riecht ein Hund an den Nelkensträußen, die vor einem Blumengeschäft in Kübeln prangen. Sein Herr zerrt ihn an der Leine fort und sagt: „Ha, pfui!"

28. Februar, nachmittags

Vor unseren Fenstern, auf dem Pflaster des Liebfrauenplatzes, ist eine Reiterei aufgeschlagen. Die Holzpferdchen wippen und drehen sich im Kreise, Cowboys und Indianer, Hotzenplotze und Harlekine sitzen in den Sätteln und schwingen ihre Pritschen. Eine junge Mutter, im schwarzen Schlapphut, steht am Rande des Karussells; jedesmal, wenn ihr kleiner Sohn vorüberfährt, legt sie ein Platzpatronengewehr an und schießt auf ihn.

Der eine will Rocky sein, der andere Graf von Monte Christo. Diese sehnt sich nach Milvas roten Haaren, jene nach Dianas Diamantendiadem. Ein junger Mann hätte gern einen Bart; jetzt hat er einen. Ein Mädchen wäre gern Barbara Stanwick in Westerntracht; jetzt ist sie's.

Auf der Fastnachtskirmes gibt es, was es sonst nicht gibt, blaue Haare, grüne Haare, violette Haare, nicht nur für Punker und Stadtindianer. Auf der Rheinpromenade gibt es den Sky-Rider, der die Mitreisenden in Gondeln durch die Luft schleudert, und das Raumschiff Galactica, das sich als Röhre in senkrechter Umlaufbahn um die eigene Achse dreht. Es gibt Zuckerwatte, hart wie ein Knäuel Draht und doppelte Puffreisschnitten, die die Maulsperre verursachen.

Zwei Narren im Flickenkostüm, mit selbstgebastelten Trummbässen in der Faust, gehen vorüber. „Lacht doch mal!" sagen sie zu uns und sehen todtraurig aus.

1. März

Am Gonsbach ist schon der Vorfrühling eingekehrt. Der Pfad neben dem betonierten Bachbett zwischen Dorfausgang und Oberbrücke ist noch weich und winterfeucht, doch die Gärten beleben sich einer nach dem anderen mit Heinzelmännchen und Torfsäcken, Marke Gartenfreund. Hinter gestutztem Spalierobst hackt ein Mann Feuerholz, zwischen verdorrten Kohlstrünken picken Amseln im Humus. Dort, wo der Bach einen Doppelknick macht, steht eine Tanne im dichten Efeu, das sich hoch hinauf in den Wipfel schlingt. Aus einer versteckten Voliere kreischen Papageien herüber, ihr Gekrächz erfüllt die Sonntagsstille, ihr Kot näßt den Pfad, zwischen den Rillen meiner Schuhsohlen sind Vogelspreu und Sonnenblumenkerne eingeklemmt. Der Wirsing ist geschossen, der Winterlauch verrottet, es sprießen neue Schößlinge aus der Gartenerde, schon neigen sich erste blühende Weidenkätzchen über das Wasser.

„Ja zur Natur!" sagt ein Aufkleber am Betonpfosten eines Hauseinganges, doch die Blumen in einer Styroporamphore sind plastikblau, plastikrot, plastikgelb.

2. März

„Ein schwarzer Gutenberg. Kein roter Bote aus dem Bundestag. Der Protokoller reimt die Grünen auf Oskar, den Hünen. Ist die Mainzer Fassenacht wieder politisch?"

Johannes Strugalla setzt und druckt den Text als karnevalistisches Mainzer Plakatgedicht Nr. 5. Unter den Buchstaben in den Mainzer Karnevalsfarben sind zwei spitze Federn auf einen Kohlkopf gerichtet.

14. März

Zwei ältere Männer in Hüten gehen am Haus vorbei. Einer zeigt auf die Figur, die über dem Portal auf schmalem Sockel steht. Die Figur ist bunt bemalt, sie trägt Rüstung, Schärpe und Krone, den Hermelinmantel um die Schultern geschlagen, die Augen nach der Turmspitze des Doms gereckt. „Kennste den?" fragt der Mann. „Des is der römische Kaiser", sagt der andere. Der erste sagt: „Du bist wenigstens e Määnzer, der e bißje was kennt."

29. März

Sonntagnachmittag, im Café Dinges ist Hochbetrieb. Wir sitzen im hintersten Eckchen, zwischen den Buntglasfenstern, in die, nach historischen Ansichten, der Marktbrunnen und das alte Gymnasium eingelassen sind, und dem beleuchteten Erker mit der

Römischer Kaiser

Madonna, die das ballspielende Christuskind im Arme trägt. Hinter Brigitte sitzt ein junges, Marlboro rauchendes Liebespaar, hinter mir ein Ehepaar mit Söhnchen, das ein Glas Limonade trinkt. Je mehr von draußen das Abendlicht durch die Scheiben dringt und das Gelb und Violett des Glases in seinen Farben stärkt, umso greller wird das Licht der Birne, dessen Schein auf das Haar des heiligen Paares fällt und den schwarzen Holzglanz kräftig verstärkt. Die Rauchschwaden der Marlboros ziehen über die Köpfe der Cafégäste hin, das Paar mit dem Kind ist in Tortengenuß vertieft, und der kleine Junge, von seiner Mutter gefragt: „Welche schmeckt dir denn besser?" antwortet, überhochdeutsch: „Hier den." Alles ist hell, alles ist nah: der Kaffee in der Tasse, der Kuchen auf dem Teller, der Junge am Nebentisch und die Madonna in der gemauerten Nische.

Im Dom ist die Nähe seltsam entrückt. Das Rot und Blau der Glasfenster tauchen das Chor in ein diffuses Licht, durch das der Kaplan hereinschreitet wie ein Filmprophet der Twentyth Century Fox in einem Monumentalstreifen der fünfziger Jahre. Seine Stimme hallt wider im gewaltigen Kontinuum des Schiffs, von allen Wänden, Säulen, Gewölben schlägt ihr Echo zurück, die Lautsprecher verhundertfachen die Klänge, die dem Fastenprediger von den Lippen gehn, anonymes Brausen überdeckt den persönlichen Ton. Ist es deutsch, was er spricht? Ist es holländisch? Ist es schwedisch? Der Kaplan nennt Ingmar Bergman; er beschreibt eine Filmszene, in der ein Beichtender im Beichtstuhl kniet; doch das Sprechgitter ist dicht verhängt, der Beichtvater bleibt fern und unerreichbar in der Tiefe des

Stuhls verborgen. Der Beichtende tritt in den Kirchenraum zurück, schaut nach oben, auch das Madonnenbild in der Höhe des Schiffs hängt weit draußen in kalter, unbetretbarer Sphäre. So dürfe die Kirche nicht sein, sagt der Prediger, nicht abweisend wie der Beichtvater, nicht unerreichbar wie die Madonna im Film; doch er selbst, in Technik gehüllt, in Apparaturen verstrickt, steht fern und fremd im gegitterten Predigerstand, und seine Stimme aus dem imaginären Raum geht über die harrenden Köpfe hinweg.

Er spricht eindringlich. Er predigt bewegt. Er zitiert Söhne aus protestantischen Pfarrhäusern, Bergman, Hesse, Nietzsche, er spricht vom uferlosen Aufbruch ins Nichts, von der Leere, die zurückbleibe, den verdorrten Herzen, den kahlen Wäldern, dem vergifteten Meer. Er spricht von fahrenden Schiffen, vom Offenen, von der Freiheit, doch auch von der Rückbindung an den festgemauerten Kai. Er bringt Jesus ins Spiel, die seefahrenden Apostel, den Anker Gott. „Feste Bindung", sagt er, „Gemeinschaft ist nur dort möglich, wo es eine Mitte gibt, die sich schenkt." Er knüpft sein Lasso aus Wörtern und wirft es, in Dutzenden von Schlingen, um die Hälse der Zuhörer, die das mächtige Schiff zu Mainz bevölkern. Es sirrt und klatscht, die Schlingen werfen Kaskaden von Echos zurück: was ist eine Mitte, die sich schenkt?

Im Dom, Kreuzgang

9. April, vormittags

Längst ist das Eis im Winterhafen aufgetaut. Vor der Mole liegt ein Baggerschiff, in der Flußmitte zieht ein Schleppkahn stromauf, und vom Landungssteg legt die „Deutschland", einst Narrenschiff der Dichter, gemächlich ab. Das Wasser ist grau, der Himmel ist grau, rot ist nur das Geländer von Petrys Gedächtnissteg des Yachtclubs Mainz. Sonst ist alles blau: die Planken der Segelschiffe, die Tanksäule von Aral, Schrift und Adler der DLRG. Auf der Mauer des Ruderclubhauses lesen wir: „Don't dream it, be it $(t = t)$".

Am gemauerten Brückenturm ist das Mainzer Rad in Sandstein gemeißelt, Tauben sitzen auf den Zinnen des Turms, in Grüppchen zu je dreien, in den roten Quadersteinen blitzt es gelb und weiß. Von Wiesbaden herüber dröhnt ein Zug auf die Brücke, es rauscht auf den Schienen, rattert und donnert, dann schwenkt er, am Ende der Brücke, geräuschlos in Stadtrichtung ein.

9. April, nachmittags

Im Gutenbergmuseum sind Exlibris ausgestellt. Mich fasziniert das begehrliche Verhältnis, die ausschweifende Beziehung zum Buch, wie es sich in einer Reihe schöner Blätter ausdrückt, mehr als die Form- und Bedeutungsspielerei. Da gibt es Mönche in Klosterstuben, Bücherwürmer auf Pulthockern, adelige Fräuleins auf Biedermeiersofas. Mussolini, lesend, den Kopf gestützt, beugt sich über lose Blätter; die Adern treten aus den Händen hervor, auf Stirn und Wangen bilden sich Kontinente ab. Ein breitgeschweiftes Roß, die Vorderhufe erhoben, thront auf korinthischer Säule. Das Buch eines Otto Herball zeigt eine Dame in Hochfrisur und hochhakkigen Schuhen, sie ist nackt, trägt aber einen Schal um die Schultern geschlungen. Ihre Linke hält ein aufgeschlagenes Buch, ihre Rechte kost den Kopf eines Windhunds. Aus Otto Ubbelohdes Bild ist das Buch gänzlich verschwunden. Auf dem Scheitel einer gemauerten Brücke sitzt eine Mannsgestalt, sie ist einem Vogel zugekehrt, der majestätisch seine Kreise zieht. Am Bildrand liest man: „Ich bin kein ausgeklügelt Buch, ich bin ein Mensch mit seinem Widerspruch."

Die Brücke ist wohl die Lahnbrücke in Goßfelden, die Ubbelohde auch zu Grimms Märchen vom singenden Knochen zeichnete. Ein weißes Knöchelchen unter der Brücke gab dem Hirten das Mundstück zu seinem Pfeifchen ab. Als er zum erstenmal darauf blies, fing das Knöchelchen zu singen an und brachte die Mordtat böser Brüder an den Tag. Rettung liegt allein in den Wörtern.

10. April

Ist das Denken kongruent? Ist das Wissen symmetrisch? Muß man, damit es zur harmonischen Ausgewogenheit komme, hier etwas dazutun, wenn man es dort weggenommen hat? Professor Heitsch blickt auf die versammelten Akademiemitglieder; links von ihm, vor saalhoher Fensterwand, sitzen die Geistes-

wissenschaftler, rechts von ihm, gleichfalls vor saalhoher Fensterwand, sitzen die Naturwissenschaftler,
und ihm gegenüber, vor geschlossenen Türen, thront
das Präsidium. Worüber spricht Herr Heitsch? Er
spricht über das Thema: „Irrtum oder Irreführung“,
und im Tagesplan der Akademiesitzung ist erklärend
hinzugefügt: „Zum Problem einer Planton-Interpre-
tation.“ Worüber also spricht Herr Heitsch, und was
vor allem ist Planton? Wird der Professor sich etwa
mit dem Plankton beschäftigen und etliches zur Un-
terwasserzoologie beitragen, oder wird er sich den
Plantaten zuwenden und Neuigkeiten aus dem Be-
reich der Organverpflanzung berichten? Nein, nichts
von alledem, das Wort „Planton“ ist ein Druckfehler
im Tagesplan, Herr Heitsch spricht von Platon, er re-
feriert über Platons fingiertes Gespräch des Sokrates
mit Theaitet, er sagt: „Erklärbar ist nur Zusammen-
gesetztes; Unzusammengesetztes ist nicht erklärbar“
und fügt ohne Umschweife hinzu, diese Theorie im-
pliziere unausgesprochen die beiden Prämissen A
und B, nämlich das Zusammengesetzte sei nichts anderes als die Summe seiner Bestandteile, und das Erklären nichts anderes als Zerlegen und Aufzählen
der Bestandteile.

„Beide Prämissen sind falsch“, sagt Professor
Heitsch und faßt an seine blaue Krawatte, deren
Knoten exakt vor dem Kragenknopf in der Hemd-
mitte sitzt. Draußen geht ein Regenguß nieder, die
Dächer glänzen, von den kahlen Zweigen der Bäume
rinnt es in dicken Tropfen. „Entweder ist das Zusammengesetzte ein aus gleichartigen Teilen bestehendes Gesamtes; dann ist es nichts anderes als die
Summe dieser Teile“, sagt der Professor, „oder das

Zusammengesetzte ist ein aus ungleichartigen Elementen bestehendes Ganzes'; dann ist es gegenüber der Summe dieser Elemente eine Einheit eigener Art." Einige Geisteswissenschaftler halten die Augen geschlossen, auf diese Weise bleiben sie unabgelenkt vom dramatischen Gang der Wolken; von den Naturwissenschaftlern her dringt ein leichtes Hüsteln, ein grippales Schniefen. „Also ist Erkennen nicht nur Zerlegen und Aufzählen der Bestandteile", sagt Professor Heitsch, „es gibt viele Formen des Erklärens, je nachdem, was erklärt werden soll."

Was soll erklärt werden? Soll erklärt werden, warum Erklärbares erklärbar oder unter bestimmten Umständen gar nicht erklärbar ist? Professor Heitsch ist bei der dritten Definition angelangt. Der Knoten seiner Krawatte ist aus der Achse geraten und bewegt sich unaufhaltsam dem rechten Kragenrand entgegen. „Dadurch, daß jeweils nur eine der beiden falschen Prämissen durch die richtige Version ersetzt wird, läßt sich der Eindruck erzielen, die Theorie widerspreche sich selbst", sagt er und greift abermals nach dem Knoten der Krawatte. Das Regengewölk ist über das Dach des Hauses gezogen, es ist nun bei den Naturwissenschaftlern angekommen, und wenn vor einer Viertelstunde noch im Rücken der Geisteswissenschaftler der Regen niederging, prasselt er jetzt hinter den Naturwissenschaftlern ins Gras des Amtes für Grünanlagen und Naherholung nieder. „Wenn, wie die Theorie behauptet, das Zusammengesetzte erklärbar ist,", sagt Herr Heitsch, „dann sind im Widerspruch zur Theorie auch seine Teile erklärbar."

Professor Heitschs Krawattenknoten ist längst am rechten Hemdkragenrand angelangt, die Kongruenz ist verloren, die Symmetrie ist verspielt. Auch wenn, wie die Theorie behauptet, das Element unerklärbar sei und folglich im Widerspruch zur Theorie auch das Zusammengesetzte, so sind die Regenwolken jetzt abgezogen, der Himmel hat sich aufgehellt, als kümmere er sich nicht um Herrn Heitschs Argumentationsstruktur und schon gar nicht um Platons Erkenntnis, Wissen sei wahre Meinung mit Erklärung. Nur noch hohe Zirruswolken ziehen, kaum mit den Augen auszumachen, über Bäume und Dächer hin. Es wird blau und immer blauer, und während sich die Diskutanten um das Dilemma falscher Alternativen streiten, hat sich der Mainzer Himmel mit lauter kleinen Schönwetterwölkchen gefleckt.

11. April

Es gibt Gesichter, die immer so aussehen, als lächelten sie. Pfarrer Meyers Gesicht ist ein solches Gesicht; wenn er seinen Mund auftut, dann braucht er die Wörter Hoffnung und Lebensfreude gar nicht erst auszusprechen, jedes Wort aus seinem Mund ist ein optimistisches Wort. Er steht vor den Glasfenstern von Chagall im Chor von St. Stephan und sagt: „Das sind Farben, die uns guttun." Sein rundes, rosiges Gesicht lächelt, die Augen lächeln, die Nase lächelt, und das Grübchen in seinem Kinn lächelt auch. „Alles ist in Bewegung", sagt er und lenkt die Blicke der Zuhörer, die zur Meditation nach St. Stephan gekommen sind, auf Chagalls Figurenspiele.

66

Auch im Gesicht von Pfarrer Meyer ist alles in Bewegung; er blinzelt mit seinen lächelnden Augen, und indem er sagt: „Schauen Sie genau hin, das ist die Handschrift Gottes", schaut jedermann in Pfarrer Meyers Gesicht, denn auch dort hat optimistische Schöpferlaune ihre Spuren hinterlassen. Pfarrer Meyer hebt die Hände, als segne er, hebt die Stimme, als predige er; er sagt: „Chagall war ein religiöser Mensch, er konnte gar nicht anders." Auch Pfarrer Meyer kann nicht anders, er reckt seine beiden Zeigefinger und weist mit ihnen nach oben, wo der Himmel ist. „Chagall hat ein Zeichen gesetzt", sagt er; dreimal, viermal sagt er: „Er hat ein Zeichen gesetzt." Hinter dem Meditator erheben sich die schmalen Fenster, in hundertfältigem Blau, mit Gelb und Rot gefleckt: gelb, das ist das nackte Fleisch Adams und Evas, rot, das ist der Mantelstoff Abrahams und Davids. Der Meditator predigt, der Meditator segnet, der Meditator meditiert, Schirme fallen auf den Boden, Fototaschen klatschen auf die Fliesen, Pfarrer Meyer läßt sich nicht aus der Fassung bringen; er erzählt von Chagalls Arbeitsweise. „Warum aber die noch größere Bewegtheit in den flankierenden Mittelfenstern?" fragt er und gibt sich die Antwort selbst. „Das muß so sein", sagt er, „weil es richtig ist." Blau sei eben eine meditative Farbe, sagt er, hebt wieder den Zeigefinger und erläutert die Leitmotive, den Heilsbogen und die Paarbildung, zeigt das Frauenfenster links, in dem auch Männer, das Männerfenster rechts, in dem auch Frauen abgebildet sind, hebt die Hände, und an ihnen entlang steigt der Blick der Betrachter in die Höhe, wo der Meditator sie zusammenführt und die Polarität an-

Kloster Eberbach

deutet. Zu den erzählenden kommen die poetischen Fenster hinzu, und auch das Blau ist anders, es sei zärter, es sei lyrischer, sagt Pfarrer Meyer, und er fügt hinzu: „Es muß so sein. Das ist das Mysterium", und lenkt die ausgestreckten Fingerspitzen aufeinander zu und sagt: „Dort, wo die Herrlichkeit Gottes ist, da ist es schön", und wenn man die Augen schließt, dann lächelt nur noch seine Stimme. Mit diesem sanften Lächeln in der Stimme flüstert er: „Und nun verlassen wir ganz leise auf Zehenspitzen die Kirche, denn die Bilder wollen schlafen gehen", und wirft ihnen einen Handkuß zu und sagt: „Gute Nacht, Bilder."

14. April

Im Brückenturm sind Bilder des Israeli Ricardo Stein ausgestellt. Es sind Farbräusche auf Papier, scheinbar informelle Kompositionen aus Flecken und Flächen, aus Sprenkeln und Spiralen. Schwarze und rote Akzente treiben die Bewegtheit in den Bildern zu rasenden Rotationen an, Grün flirrt wie Gartengras, Gelb strahlt wie Lampenlicht, es löst sich aus den Verpuppungen ein seltsames Gewirr von Geschöpfen; als sprängen Kokons auf und würfen zerplatzte Hüllen fort, falten sich Ummantelungen auseinander und geben Augen und Lippen, Zähne und Stirnpartien von Menschen frei, alles zum Versand in buntgemustertes Geschenkpapier verpackt. Einigen Bildern sind Banderolen und Briefmarken aufgeklebt, Exprès, Tarif détail, Par Avion.

27. April

Wieder in St. Stephan. Es ist ein strahlender Sonnentag, der das Alte noch älter, das Feuchte noch feuchter, das Aufgelöste noch aufgelöster erscheinen läßt. Die Grabplatten im Kreuzgang hat der Regen abgewaschen, Gesichter haben sich zu Grimassen verzogen, Gliedmaßen sind zusammengeschrumpft, einige Gestalten sehen aus wie von Fautrier gemalt, einige andere wie lebensgroße Weckmänner aus der Brotbäckerei. Neben der Holztür, in der die Insignien der Handwerker und Kaufleute eingeschnitzt sind, steht der gesprungene untere Rumpf einer Glocke, grau und narbig, ein abgetrennter Elefantenfuß.

Die Fenster von Chagall strahlen im Vormittagslicht, das von der Seite ins Kirchenschiff fällt. Hier ist das Blaue noch blauer, das Rote noch röter, und das Grün der Bäume atmet Lebensluft aus, einen Odem der Kunst, der heftig die Wangen streift, als wehe ein wirklicher Wind. David und Bathseba gegenüber, zwischen zwei Säulen im Wipfel eines Baums, steht eine weibliche Figur mit Vogelkopf. Unter dem gelben Gefieder sind die Gesichtszüge nur noch schwach zu erkennen, doch die erstaunten Augen dringen durch. Welches ist die biblische Geschichte, die davon erzählt, daß der Mensch ein Vogel sei?

Am Nachmittag erzählt Toni Keim von Chagalls Begräbnis in St. Paul-de-Vence. Chagall lag, dem jüdischen Brauch zuwider, in einem prächtigen Sarg. Als dieser sich über der Grube senkte, erstarrte den Juden das Blut in den Adern: den Deckel des Sargs schmückte ein Kreuz. Der Bürgermeister von St. Paul hatte Grabstelle und Sarg, die ihm selbst zugedacht waren, Chagall überlassen. Denn der alte Maler hatte sich nicht um Tod und Begräbnis geschert: immer im himmlischen Blau seiner Bilder schweifend, schwebte er schon zu Lebzeiten mit seinen Figuren im ewigen Reigen.

28. April

In einigen Augenblicken ist es zehn Uhr. Die letzten Plastikkörner rinnen ins Stundenglas der „größten und genauesten Sanduhr der Welt", wie es heißt, einem häßlichen Monstrum der Technik, fast haushoch, das vor dem Naturhistorischen Museum aufmontiert ist. Jetzt knackt es, knirscht und rattert, Zahnräder setzen sich in Bewegung, greifen mahlend ineinander: der Spezialglaszylinder dreht sich um 180 Grad. Und weiter rinnt das Plastik.

Eine Stunde später, auf dem Liebfrauenplatz. Vor dem „Römischen Kaiser" blüht es hell und üppig. Die japanischen Kirschblüten sind ausgeschlagen. Schaut man aus unserem Fenster auf die Blüten hinab, dann kommt einen die unbändige Lust an, hinunterzusinken auf dieses rosarote Wiesenstück, das aus der Tiefe heraufglänzt; unter den Bäumen fühlt man sich selig eingehüllt in einen Mantelflausch aus lauter Rosenballen. Inzwischen sitzen wir vor dem jugoslawischen Restaurant „Am Fischtor" auf weißen Stühlen, an weißen Tischen, und weißgekleidete Kellner eilen an uns vorüber. Jetzt sind die Blüten ganz nah, ihr Widerschein liegt auf unserer Haut. Auch der Wein in den Gläsern hat einen pinkfarbenen Hauch angenommen. Wir sitzen und trinken, und allmählich versinken wir schweigend in diesem rosaroten Rausch.

29. April

„Ein Rad greift ins andere", schreibt Helmut Wirth in seinem Abschiedsartikel für Jockel Fuchs und charakterisiert damit die Motorik des scheidenden Oberbürgermeisters. Zweiundzwanzig Jahre lang hat Jockel Fuchs die Mainzer Amtsgeschäfte geführt; nun ist ein Buch erschienen, ihm zum Dank: „Botschaften an Jockel." Es sind drei Dutzend erfundene Briefe aus der Vergangenheit, von Drusus, dem Feldherrn, über Merian, den Kupferstecher, bis zu Franz Joseph Schneider, dem Geiger-Fränzje. Kurfürst Friedrich Carl Joseph von Erthal faßt die Verdienste des Volkstribuns zusammen; er schreibt: „Euer biedermännisches Wesen als Bürgermeister, Eure lange Regierungszeit, Euer Stil, gepaart mit Jovialität, Schläue und eigener Darstellung, findet schon Unser Wohlgefallen. Ihr reihet Euch damit würdig ein in Unsere weltlich-herrschaftliche Galerie, wenngleich Euer bäuerliches Blut und Eure Herkunft und Artung Uns strikt voneinander trennen."
    Lebende Autoren üben ein Versteckspiel, das die Mainzer bald entwirren werden. Wer verbirgt sich wohl hinter Gutenberg, wenn nicht Hans Halbey, hinter Maler Müller, wenn nicht Wilhelm Weber, hinter Richard Wagner, wenn nicht Werner Hanfgarn? Und kennen wir nicht schon den Schalksnar-

72

ren, der in die Hosen Bismarcks, in das Wams des Schinderhannes, in die Kutte des Erzbischofs Willigis geschlüpft ist? „Hochgeehrt ist Reineke nun", heißt es am Ende von Goethes „Reineke Fuchs". Jockel Fuchs erlebt es, er genießt es. Er hielt das Mainzer Doppelrad in Schwung, er ließ eins ins andere greifen.

18. Mai

Es ist später Nachmittag. Die Eisheiligen sind eben über die Berge abgezogen. Der Platz vor dem Dom hat sich urplötzlich mit Menschen belebt, sie tragen schon Windblusen statt Winterparkas, ein Mädchen kommt in federleichtem Violett, ein junger Mann in fliegender Weste daher. Vor St. Bonifatius, den Fahnen mit dem Mainzer Rad gegenüber, steht eine blonde Frau mit roter Schleife im Haar: sie spielt Handharmonika, sie spielt laut und falsch, sie spielt „Nun danket alle Gott."

20. Mai

In Frankfurt, beim Hessischen Rundfunk, plaziert die Redaktion „Unterwegs in Hessen" ein Gespräch mit mir zwischen zwei Kommentare über falsche Einstellungen. Vor mir spricht ein Kommentator über falsche Gesichtspunkte hessischer Abgeordneter vor dem Landtag, der irgendwelche politischen Skandale wittert, nach mir erläutert ein Bienenforscher das falsche Verhalten schreckhafter Personen vor Bienen, die den Angstschweiß röchen, der sie zum Stechen ermuntere. Habe auch ich mich in das Spiel falscher Reaktionen verwickeln lassen? Wußte ich, wovon ich sprach, als ich meine Mainzer Stadtschreiber-Aktivität erläuterte? Ist von mir ein Skandal zu befürchten? Riechen die Mainzer Moskitos Angstschweiß voraus?

23. Mai

Es steht wieder ein Festtag bevor. Auf dem Mönchshof tanzen schon die Neger. Tiefschwarze Männer aus Ruanda, in rotem Lederschurz und mit Leopardenfellen gegürtet, springen mit nackten Füßen auf dem Metallboden des Podiums vor den Mainzer Fahnen. Eine Gruppe flötet auf dicken Flöten, trommelt auf dicken Trommeln, die Tänzer springen über die Stahlplatten und werfen die Köpfe, daß die flachsgelben Basthaare über Schultern und Schädel fliegen.

St. Bonifatius steht hinter der Zuschauermenge und ist zum Nichtstun verurteilt. Er ist aus Stein gemeißelt und kann nicht seine bekehrende, seine taufende, seine segnende Hand über die tanzenden Heiden heben. Die Männer aus Ruanda stampfen den Boden und schwingen ihre Lanzen, deren Spitzen im Mittagslicht blitzen. „Wääß der Deiwel", sagt ein Mainzer, „auf der ein Seit mache sie die Nullösung, un auf der anner Seit lade sie die Leut aus Afrika ein, damit die hier in Määnz ihr Kriegsdanz aufführe."

Christuskirche

Elmar Gunsch ist frisch frisiert, sein Bart modisch gestutzt, seine Haut telegebräunt. Was tut Elmar Gunsch auf dem Liebfrauenplatz? Er stellt Menschen vor, junge Leute, ältere Leute, Mainzer. Sie treten auf ein Podium und lächeln verlegen in die Fernsehkameras.

Es ist Rheinland-Pfalz-Tag, republikanische Jahrfeier: Freiheit, Gleichheit, Brüderlichkeit im Festzelt. Hier schunkelt das Mainzer Volk Arm in Arm mit Trierern und Westerwäldern und mit der Polizei; gemeinsam singen sie: „Wir sind alle, alle, alle eine Familie!" Dazu gehören auch die Mädchen in Manderscheider Burgfräuleintracht, die Eifelgeist verkaufen, eine türkische Gruppe in matissefarbenen Kleidern und der Clown von der Eagle Road Show. Coca-Cola ist da, mit dem doppelstöckigen roten Autobus, Piccadilly 14. Herren mit nadelgestreiftem Anzug, modischen Brillen und Rheinland-Pfalz-Plakette im Knopfloch stehen herum und bereden irgendein nichtiges Ereignis, ein Wahlmanöver, eine Wirtschaftskriminalität, wer weiß.

Die Menschen essen, die Menschen trinken, es gibt einen Biermarkt, es gibt einen Weinmarkt, und während die Schülerband auf dem Podium von SAT 1 aufspielt, hüpft ein Gaukler über den Platz und schlägt Salto, als sei er die siebte Speiche im Mainzer Rad.

27. Mai

Die kleine Rheinterrasse am Templer-Tor ist ein Kunsthof. Kinder haben mit Kreide Hüpfhäuschen auf die Steinplatten gezeichnet, Quadrate, Rechtecke, Kreise und gebauchte Ellipsen, die numeriert sind von 1 bis 8. In die Kreise sind Fragezeichen gemalt, in den Quadraten geistern skurrile Hieroglyphen, die Rechtecke sind von Diagonalen durchzogen, und alle diese Formen wiederholen sich wohlgesetzt in den Aufsätzen der Pfeiler des Templer-Tors.

Wir spazieren in der Uferanlage rheinabwärts: der Spielplatz der Kinder weitet sich zur Kunstpromenade. Unter Bäumen, in Büschen, auf Rasenflächen tummelt sich Gegenständliches in Bronze, Informelles in Stahl. Eine Dame, mit perwollweißem Foxterrier an der Leine, flaniert die Baumreihe entlang, sie trägt ein Paar Krokodillederschuhe und ein naturfarbenes Leinenkostüm, das, wie es die Textilwerbung anpreist, edel knittert. Aber auch die Bronze der Bildwerke wird schöner mit jedem Hauch von Grünspan, der sich auf das Metall legt. Der Schwanz des Panthers von Philipp Hardt ist blitzeblank gerieben, jeder streichelt ihn beim Vorübergehen; Emy Roeders Tripolitanerin dagegen ist von Farbspuren gefleckt, Regenspritzer haben Haarsträhnen hervorgebracht, und ein Taubenschiß sitzt ihr als Kainsmal in der Stirn. Auf den Sockel des Pantherdenkmals hat jemand geschrieben: „Das ist Kunst."

Schüler der Fachhochschule haben Dreibeine, Tachymeter, Meßlatten aufgestellt und üben damit das Nivellieren rheinaufwärts; ihr Meßstrahl geht unter den Zweigen der Bäume hin und fällt exakt auf die Hacken des linken Krokodilederschuhs, der die Steinplatten des Winterhafens tritt. Aus dem Liguster reckt sich ein nackter Mädchenleib als Feuervogel, unter den jungen Platanen, aus nerviger Bronzeplatte, quellen atavistische Körperformen. Im Rasenquadrat steht die Stele von Gerlinde Beck; oder ist es eine artifizielle Notrufsäule? Am Terrassengitter glänzt ein mobiles Gußstahlobjekt; oder sind es zusammengestapelte Absperrbarrieren? Der Lack splittert ab, der Asbest verrottet, die Taue des Landungsstegs der Mainz-Wiesbadener Personenschifffahrt schleifen auf der Tonne, die Rollen der Eisenbrücke knirschen auf den Laufschienen: das Quietschen mischt sich mit dem Gekreisch der Möwen, die in Spitzbögen über der Wasserfläche manövrieren. Sind die Rundpfeiler der Luftschächte, die aus Blumenrabatten hervorragen, sind die Kuben der Elektrokästen, die an Baumstämmen lehnen, nicht auch als Kunstwerke konzipiert?

Hoch auf dem roten Sandsteinsockel thront des Reiches Adler. Er schaut nach der Eisenbahnbrücke, die hinüber ins Hessische führt; er schaut nicht stromabwärts, nicht meerwärts, nicht nach Helgoland, an dessen Küste 1914 der „heldenhafte Kreuzer ‚Mainz‘ mit wehender Flagge ehrenvoll" im Meer versank: nein, der Adler hat sich vom Meer abgekehrt, auch wenn es auf dem steinernen Sockel heißt, Seefahrt tue not. Vollführen Bakics Metallringe „Zirkulationen im Raum"? Symbolisieren Alfaros Metallstäbe „Lebenskraft"? Wotrubas Richard-Wagner-Hommage ist Ablage für Müll; Zigarettenkippen und Tempotaschentücher, Nylonhüllen und leere Tüten „Capri-Sonne" sind in die Nischen des Genius gestopft, wo eigentlich musikalische Ideen nisten sollten.

Auf der Rheingoldterrasse ist alles Kunst, auch die Lichtmasten, auch die Rolltreppen in die Unterwelt der Tiefgaragen. Wie auch die Zeiger der Uhr vorrücken, immer ist Festzeit in Mainz: schon gruppieren sich die Mitglieder der Winzergenossenschaften, kaum daß die Weinstände des Rheinland-Pfalz-Tages am Rheinufer abgeschlagen sind. Gegen die Häuser von Kastel hebt sich die Silhouette von Hans Arps „Schlüssel des Stundenschlägers" ab wie eine versteinerte Weinleber.

28. Mai

Am Ende der Pappelallee längs des Rheins, dort, wo der letzte Baum zugleich der erste der Allee ist, die den Main entlang nach Gustavsburg führt, steht ein gelber Mast, mit roter Blinklaterne als Kopf. Hier ist die Mainspitze, die Stelle, wo der Main sich in den Rhein ergießt. An langer Angelreihe vorbei paddelt eine ältere Dame mainaufwärts, passiert die Grillplätze, wo auf schwarzen Gittern die ersten Bratwürste rösten. Es ist Christi Himmelfahrt, junge Männer stehen unter dem zitternden Pappellaub und besprechen die geplanten Unternehmungen des Vatertags. Mit freundlichen Armgesten grüßen sie die Paddlerin, die zwischen Flußufer und einem Schleppkahn in bewegtes Wasser gerät. „Man kann die Frauen auch nicht einen Tag allein lassen", sagt einer der Männer, doch die anderen holen ihn zurück in ihr

Gespräch, und ein zweiter sagt: „Heut ist nix mit Frauen."

Wir schlendern den Fußpfad zur Mainbrücke hinüber. Es ist der Dreibrückenweg, den wir gehen, es ist der Weg, den Carl Zuckmayer und Anna Seghers zusammen gewandert sind, lange vor ihrer Emigration. Im Gras sitzt eine Ente, nur zwei Schritte von einer Grillstelle entfernt, als warte sie geduldig auf ihren Opfertod. Das Gras ist hüfthoch, weiß blüht der Holunder, violett die Lupine, über eine lang hingestreckte Wiese schimmert ein helles Gelb von Butterblumen. Die grauen Tanks der VTG am Bahndamm entlang gruppieren sich in Doppel- und Dreierreihen. Stahltreppen führen außen hinauf zu Geländergalerien, die durch Stege und Brücken miteinander verbunden sind. Der Dampfbahn-Club Rhein-Main hat ein Zelt aufgeschlagen, blaugelb, längsgestreift; die Bahner sitzen auf langen Bänken, vor ihnen auf den Tischen glänzen Weinflaschen, die hellbraunen Rhein- und die grünen Rheinhessenflaschen. Zwei Männer haben eine mächtige Spielzeuglok angefeuert, der eine trägt die Eisenbahnermütze, er besteigt den Tender, und in rascher Fahrt umrundet er das Clubgelände: ein Affe auf einem Schleifstein. Die Lokomotive dampft, die Räder kreischen auf den Schmalspurschienen.

Unter der Mainbrücke, die nach Kostheim hineinführt, kräuselt sich das schmutzig-grüne Wasser des Flusses, ein Lastkahn der Firma Väth passiert die Fahrrinne, es ist die „Teutonia", mit frisch lackiertem grünem Deck: irgendeinen grau-violetten Staub transportiert sie zu den Giftfabriken von Serendip. Die Schwäne bei der Landebrücke haben dem Schiff

An der Uferstraße

den Rücken gekehrt; sie tauchen ihre Schnäbel ins Wasser und gründeln im seichten Schaum. Ein schwarzer Schwan zieht seine Kreise um den weißen Pulk. Schützt er die letzten Paradiesvögel oder treibt er sie für die Schlachtbank zusammen?

29. Mai

Mainz im Mai

> mini messen pressen
> pressen mini messen
> mini pressen messen
> messen mini pressen

Johannes Strugalla setzt und druckt den Text als Sonderdruck zum Johannisfest.

30. Mai

Im Museum wird die Ausstellung „Konkrete Poesie" eröffnet. Es ist Hans Halbeys letzte Amtshandlung als Museumsdirektor. Der Hausmeister sagt zu mir: „Des is doch nix. Unsern Chef sein Abschiedsausstellung hätt ich mir anners vorgestellt. Ich wääß jetzt schon die Besucherstatistik: do kimmt niemand roi. Des ist auf deutsch dode Hose." Er stützt sich dabei auf das Stück konkreter Poesie, das schon seit Jahr und Tag den Innenhof des Museums ziert: es ist die Bibel, die das Bildhauerpaar Kubach-Willmsen aus dem Stein gemeißelt hat. Da liegt sie auf dem Pflaster, aufgeschlagen bei einer x-beliebigen

Seite, und ist nie wieder umzublättern, weder vor noch zurück.

31. Mai

Es ist Siestazeit. Wir liegen im Bett, um unser Mittagsschläfchen zu halten. Vom Liebfrauenplatz herauf tönt Musik; wir hören Gesang, wir hören eine Ansprache aus dem Zelt, das für eine Gemeinschaft katholischer Frauen aufgeschlagen worden ist. Es tönt von Kassette, es tönt live, Schlagermelodien, die mit religiösen Worten betextet sind. Eine Frau singt von Jesus und irgendeinem Akt oder Pakt. Der Text der Strophen bleibt unverständlich, doch die Melodie ist bekannt; es ist ein alter Hillbilly aus den Fünfzigern: „Von den blauen Bergen reiten wir!" Country-music aus dem Missionszelt.

Später, nach einer Tasse Kaffee, hören wir die Frauen immer noch singen. Nachdem sie ein gewisses „Impuls-Papier" verabschiedet haben, singt die Gruppe „Kontakte": „Fallt aus der Rolle, fürchtet euch nicht!" Wir stürzen ans Fenster, doch im Zelt ist keine Revolution ausgebrochen. „Es ist gut, wenn wir jetzt alle Keime und Samen vor Gottes Segen bringen", sagt der Bischof, „selbst wenn sich später zeigen sollte, daß gelegentlich auch Unkraut dabei gewesen ist. Gottes lebendiges Wasser spendet Wachstum und Fruchtbarkeit, gibt Erschöpften wiederbelebende Kraft und bringt Eingetrocknetes zu neuem Leben."

Ein Regenguß geht nieder, Schirme werden aufgespannt, das Zelt leert sich rasch. Im Nu ist der Lieb-

frauenplatz von katholischen Frauen über-
schwemmt, und die pinkfarbenen Schals der Mainzer Diözese blitzen im Regenschauer.

1. Juni

Auf der Mauer am Zitadellenweg blüht Schöllkraut.
Schon fliegen die Schirmchen des Löwenzahns,
doch der Seidelbast hält seine Knospen noch geschlossen. Eine Lokomotive pfeift, einer der Nach-
mittagszüge fährt unter der Zitadelle in den Tunnel
hinein. Steil über den Terrassen, die stadtabwärts gebaut sind, steht das Ehrenmal des Nassauischen In-
fanterieregiments Nr. 87, das bei Weißenburg und
Belle-Alliance, an der Somme und bei Verdun ge-
kämpft hat. Fletscht der nassauische Löwe immer
noch seine Zähne? Im Rasenviereck springt ein rost-
roter Setter von Abfallkorb zu Abfallkorb; seine
Herrin, eine Dame mit metallblitzender Leine in der
Hand, pfeift auf einem silbernen Trillerpfeifchen,
doch der Setter schert sich nicht darum und wühlt
weiter in Pappbechern und Plastiktüten, die aus den
Blechkörben quellen. Auch der nassauische Löwe
kümmert sich nicht um Menschen- und Lokomoti-
venpfiffe; in Sandstein gemeißelt krönt er das Denkmal, er hat die Pranken und den Schweif erhoben
und streckt seine Zunge heraus.

2. Juni

An der Kasse bei Hertie steht ein junges Paar mit
Kinderwagen, aus dem ein kleiner Junge die Arme
gegen mich reckt. „Haben Sie nicht die Novelle vom
kleinen Brixius geschrieben?" fragt die Frau. „Wir
heißen Brixius, und wegen ihrer Geschichte vom Brixius heißt der Kleine auch mit dem Vornamen Brixius."

Brixius Brixius stellt sich in seinem Kinderwagen
auf und nimmt meinen Zeigefinger in seine kleine
Hand. „Er sagt nur ja", sagt die junge Frau, „er kann
nicht nein sagen, genau wie Ihr Brixius in der Novelle."

19. Juni

Eine junge Amerikanerin steht an der Bruchstein-
mauer der Kupferberg-Terrasse, schaut über die
Flachdächer der Hochhäuser auf die Kulisse der
Stadt und sagt, mit stark amerikanischem Akzent:
„Phantastik!" Und so zeigt sich ihr die Stadt, phan-
tastisch: die Christuskirche präsentiert ihre grüne
Kuppel, St. Peter die barocken Helme und Hauben,
St. Quirin den ochsenzungenroten Quaderturm, und
der Dom sein gezacktes Dachgebirge. Das Mädchen
dreht sich um, ihr Freund, mit röhrenförmigem
Sportsack auf dem Rücken, betrachtet die Fassade
der Sektkellerei, die Wappen, das Schmiedeeisen,
den Efeu; er sagt, noch eine Idee amerikanischer:
„O yeh, phantastik!"

20. Juni

Johannisfest, Mainz gedenkt Gutenbergs. Von der
Bronzetafel im Innenhof des Museums hängt an ei-
sernem Ständer ein Kranz aus Lorbeerblättern zum
Namenstag. Auf der Schleife steht, gedruckt in roten
Lettern: „Die Stadt Mainz ihrem großen Sohn." Da-
vor liegt, schwarz und überdimensional, ein Buch.
Das Buch ist geschlossen, und da es aus Stein gemeißelt ist, wird es niemals aufgeschlagen und gelesen
werden: ein Denkmal der Fernsehgesellschaft. Dem
Theater gegenüber, mit McDonald's und dem Wie-
nerwald im Rücken, steht Gutenberg in ganzer Ge-
stalt, von Thorwaldson in Bronze gegossen. Doch
die Bronze ist von Grünspan bezogen, so scheint
Gutenberg in ein verwaschenes Khaki gekleidet.
Links preßt er die Bibel an die Brust, rechts hält er
ein Bündel Lettern in der Hand. Sein Haar ist gelockt, sein Bart ist gelockt, mit seinem Spielbein ist
er weit vorn auf das Podest getreten, es ist sein linkes
Bein, und der Schuh zeigt an, daß er auf dem Boden
der Tatsachen steht. Bibel und Lettern hält er so fest
in seinen Händen, als wollte er sich nie wieder von
ihnen trennen.

Gutenberg schaut geradeaus, er schaut über die
Bierbuden von Warsteiner, Beck's und Binding und
über den 50. Breitengrad hinweg. Ja, der 50. Breitengrad! Quer über den Bürgersteig, aus dem Marmor-
sockel des Schuhhauses Schlüter heraus bis zur
Straße und von der anderen Straßenseite schnur-
stracks auf den Eckpfosten des Eingangs der Raiffeisenbank zieht sich ein handspannenbreiter Terraz-
zostreifen, eingefaßt mit schmaler Messingkante;

und in Messing eingelassen, mit Pfeilen auswärts beiderseits der Schrift, liest man: 50 Grad nördlicher Breite. Jenseits des 50. Breitengrads ist ein Schauspiel im Gange, das sich unseren Blicken entzieht. Irgendetwas Sehenswertes trägt sich hinter aufgespannten Schirmen zu, ein folkloristisches Spektakel. Doch ein Nieselregen geht nieder, und dieser Vorhang aus Schirmen verbirgt es uns. Da gibt es gelbe Schirme, blaue Schirme, rotweiße Schirme in den Mainzer Farben, Schirme mit bunten Punkten, Schirme mit kessen Streifen, ein ganzer Schirmwald, ein subtropischer Dschungel, hinter dem ein Dampf aufsteigt, als verdunste ein Zenithregen, der versehentlich, doch haargenau auf dem 50. Breitengrad niedergegangen ist. Es geschieht irgendetwas mit Wasser, und es ist mit feierlichen Worten begleitet: wohl ein Eintauchen ins neue Leben, ein Schwimmen im Strom der Prozesse, eine Taufe unter dem Emblem der Gewerkschaft Druck und Papier, auf das Gutenberg hinüberschaut, so grimmig und abweisend, als habe man den Vierteljahresbeitrag von ihm verlangt.

21. Juni

In der Brückengalerie sind zu sehen: Reinhold Metz' handgeschriebener und gemalter Don Quichotte, Jan Koblasas Hommage to G.St., Fanny Schönings Cage-Porträt aus Schriftlamellen, Ox Jacks Studien zu Anton Bruckners 8. Sinfonie von der Notation zum architektonischen Bild und Adolf Wölflis Seelenlabyrinthe: das Gross-Gott-Vater-Riesen-Schiff samt Santa-Maria-Burg-Riesen-Traube, 100 Unitef Zohrn Tonnen schwer.

Siegfried J. Schmidt sagt dazu: „Zu den gesellschaftlichen Zielsetzungen der ELW gehört das Postulat, das jedes Individium das Recht und die Möglichkeit haben sollte, Kreativität, Individualität und Identität zu verwirklichen, d.h. zu einer subjektiv gestimmten Lebensführung zu kommen."

5. Juli, vormittags

An der Ankertonne von Budenheim hat die „Möwe" festgemacht. Schwarzrotgold flattert am Heck-, die 19 goldenen Sterne im Kreis auf blauem Grunde wehen am Bugmast. Es ist ein warmer Sonntagmorgen, eine laue Brise weht rheinaufwärts. Die Pappelblätter knistern, das Wasser schlägt mit sanftem Plätschern an die Mole. Im Tau, das die Tonne am Ufer hält, hat sich ein Weidengestrüpp verfangen, in das ein toter Aal geschlungen ist.

Stand ich nicht an gleicher Stelle vor vielen, vielen Jahren? Es war mitten im Krieg, ich war mit zwei Schulkameraden aus Idstein hierhergekommen, mit Tornister und Wolldecke auf den Gepäckträgern unserer Räder. In den Kirschgärten aßen wir uns an Schattenmorellen satt, unter den Pappeln verbrachten wir die Nacht. Das ist 45 Jahre her, der Leinpfad ist längst zur Schiffslände, die Uferstraße zum Industriepark geworden, in dem Sulfate und Salpeter in grünen Duftknospen blühen. In den wolkenlosen Himmel bläst der Schornstein der „Deutschen Hyperphosphat" seinen Gifthauch.

Nun kommt das Fährschiff „Philipp" an. Eine Familie mit Rädern geht an Bord, in helle Hemden und Blusen gekleidet. Ins Gebrumm der Motoren mischt sich Glockengeläut, das über die Wipfel der Pappeln weht. Mittag. Wo vor wenigen Wochen die Kirschenhaine in voller Blüte standen, strotzt es jetzt von roter Farbe, als hätten alle Ingelheimer Hände eine Prachtkulisse Weiß in Weiß gewebter Schleier von den Bäumen genommen und sie dafür mit lauter Rubinen besetzt.

5. Juli, abends

Wir sitzen im Nebenzimmer der „Gutenbergstuben". Es ist heiß und schwül, ein gewittriger Abend, der zum Blutrausch anstachelt. Die Kaltschalen sind ausgelöffelt, die Eisbecher geleert. Karsten Jessen von der Deutschen Auslandsgesellschaft hat mich eingeladen, vor Norwegern und Finnen zu lesen. Vor Mitternacht brechen wir auf, überqueren die Große Bleiche, schlendern durch die Stadthausstraße, passieren die Schustergasse. Auf dem Markt rennen wir geradewegs in einen Schnakenschwarm. „Moskitos!" ruft der jugoslawische Kellner am Fischtor, die Gäste springen aus den Stühlen, schlagen sich auf die Arme, klatschen sich gegen die Wangen, fliehen ins Restaurant. Der rotgrüne Hochsommer mit Mainzer Moskitos beginnt.

Wahlheimer Hof

7. *Juli*

In sanfter Mulde, hinter Walnußbäumen und Holunderbüschen verborgen, liegt der Wahlheimer Hof, unweit Sörgenloch an der Straße nach Hahnheim. Nino Erné liest vor eingeladenen Gästen bei Hans Halbey in der Kelter. Es ist ein Gewittertag, ein schwüler Tag, ein Moskitotag. Klette und Hohlrippe stehen in üppigem Wuchs, der wilde Beifuß schießt mannshoch an der gemauerten Bruchsteinwand. Innen im Haus drängt sich literarisches Publikum. Doch jeden Augenblick klatscht eine Hand auf eine Backe, schlägt eine Hand auf ein Knie, patscht eine Hand auf eine andere Hand. Nino Erné liest unbeirrt gegen die Moskitojäger an.

8. *Juli, vormittags*

Naturhistorisches Museum. Hier stehen sie, in mächtigen Blöcken, hier liegen sie, als monströse Stücke, grau, gelb versteint: Muschel- und Austernbänke aus dem Mainzer Becken, Lurche aus den Lebacher Schichten, Windkanter mit sanften, glatten Oberflächen, Einkanter, Firstkanter, Pyramidenkanter, der Backenzahn des Mastodon, der Kieferbruch des Hipparion. Insektenfährten marmorieren die Niersteiner Sandplatte: der Fußabdruck des Gelbbrandkäfers; über dem Tyrannosaurier rex schwebt der Flugsaurier Rhamphorhynchus: eine Riesenschnake. Da tummeln sich als Gipsmodelle und auf Schaubildern: das Oppenheimer Nilpferd mit seinem Unterkiefer wie ein Motorblock, der Steinheimer Steppenelefant mit Zähnen wie Schaufelbagger, der Mosbacher Riesenhirsch mit Geweihen wie Dampferräder.

Eine Schulklasse wird durch das Museum geführt. Die Kinder nehmen Kontakt auf mit den fossilen Stücken: sie blättern nicht nur in den Naturatlanten, sie riechen am Moschusochsen, drehen am Stummelschwanz des Elchs. Im Ferienquiz geht es um Fabeltiere, die zwischen den echten Exponaten auftauchen, als hätte Hieronymus Bosch sie gemalt, Kurt Halbritter sie gezeichnet, wandelnd auf der Sesamstraße, abkommandiert aus dem Walt Disneyfilm: ob Krake oder Kalmar, ob Seeschlange oder Drache, ob Einhorn, Kentaur, Satyr, ob Monster aus dem Loch Ness. Da gibt es den Laboer Kampfhasen mit dem Bockshorn, den Wolpertinger oder Tatzelwurm mit dem Eichelhäherflügel, das Große Morgenstern-Nasobem (Nasobema lyricum) aus der Gruppe der Vielnasen-Naslinge (Polyrrhyna), eine fruchtfressende Form mit Greifschwanz und Quaggas vom Himalaja.

Wir spazieren durch die Säle und staunen. Derweil brütet in den sumpfigen Auen des Altrheins die Wasserschnake von Laubenheim, schlüpft schon der Moskito von Ginsheim.

8. Juli, nachmittags

So dicht wir uns auch in der Autoschlange auf der B 42 von Biebrich nach Eltville drängen, vor der spitzen Kehre in Johannisberg sind wir plötzlich ganz allein auf der Straße. Nur ein Radfahrer vor uns mit einem Weinkistchen auf dem Gepäckträger und ein Bauer auf der Höhe mit Leiter und Korb! Beim Vesperläuten langen wir in Marienthal an. Abendlob. Hier werden Bedürfnisse befriedigt. Überall im Kirchenraum, an den Wänden, auf den Pfeilern, hinter den Altarfiguren prangen beschriftete Plaketten: „Maria hat geholfen!" Maria im Marmorreif sieht aus wie ein monströses Exponat aus dem Kitschmuseum, die Beichtstühle muten an wie Toilettenhäuschen: es drängt uns mächtig ins Freie.

Dem handgeschnitzten Marienbrunnen entströmt Wasser aus entrindetem Stamm, auf dem ein Dächelchen sitzt mit geschwungenem Schild und gerahmtem Gedicht: „Der neue Brunnen spendet leise/ sein Wasser täglich gleicherweise." Links geht es zu den Toiletten, rechts zu den Opferkerzen, man kann die Wege nicht verfehlen. Unter gezacktem Dach sind Altar, Rednerpult und Mikrofon bereitgestellt fürs nächste marianische Weekend. In der Gaststätte Gietz gegenüber wird auch unser Bedürfnis befriedigt, und zwar doppelt: Kaffee gibt es nicht in der Tasse, nur im Kännchen. Über die Tisch- und Wandlampen ist ein gewebtes Tuch gezogen, graublau paspeliert, über dem breiten Türbalken prangt ein deutscher Fries: Eichlaub mit Eichkätzchen, jägergrün, jägerbraun.

9. Juli, abends

Wie heißt es in Thomas Manns Memoiren des „Felix Krull"? „Unsere Villa gehörte zu jenen anmutigen Herrensitzen, die, an sanfte Abhänge gelehnt, den Blick über die Rheinlandschaft beherrschen.

Der abfallende Garten war freigiebig mit Zwergen, Pilzen und allerlei täuschend nachgeahmtem Getier aus Steingut geschmückt; auf einem Postament ruhte eine spiegelnde Glaskugel, welche die Gesichter überaus komisch verzerrte, und auch eine Äolsharfe, mehrere Grotten sowie ein Springbrunnen waren da, der eine kunstreiche Figur von Wasserstrahlen in die Lüfte warf und in dessen Becken Silberfische schwammen. Um nun von der inneren Häuslichkeit zu reden, so war sie nach dem Geschmack meines Vaters sowohl lauschig wie heiter. Trauliche Erkerplätze luden zum Sitzen ein, und in einem davon stand ein wirkliches Spinnrad. Zahllose Kleinigkeiten: Nippes, Muscheln, Spiegelkästchen und Riechflakons waren auf Etageren und Plüschtischchen angeordnet."

Thomas Mann beschreibt Garten und Haus von Matheus Müller, dem Sektfabrikanten, in dem nur noch für wenige Tage Dorothee und Bruno wohnen. Wir sitzen bei ihnen im Garten unter der mächtigen Roßkastanie, Weinreben und Hartlaubbüsche drängen die Treppe hinauf, vor dem Staketenzaun rauscht der Strom, es duftet nach Pinienzapfen, riecht nach dem Süden: Eltville am Mississippi. Wie feine Zahnrädchen sirren die Moskitos, wir klatschen uns an die Beine, reiben Nacken und Hals. Die Menagerie aus Steingut ist längst aus dem Garten verschwunden, und anstelle der Spiegelkästen und des Spinnrads im Haus gibt es Brunos Bücher und Dorothees schöne Bilder an den Wänden. Wir sitzen noch eine Weile unter der Kastanie, trinken zusammen eine Flasche MM BlauRot und erinnern die beschriebenen Dinge der Jahrhundertwende, die nun für alle Zeit untergegangen sind wie die Sektmarke „Loreley extra cuvée" der Firma Engelbert Krull. Auch das alte Spielwerk über dem Windfang ist nicht da, das beim Zurücksinken der Tür ins Schloß mit so feinem Klingen die Melodie des Liedes „Freut euch des Lebens" spielen konnte.

Oder ist nicht vielmehr alles dies überdeutlich gegenwärtig, weil wir uns erinnern an das Beschriebensein im Buch, und davon sprechen?

9. Juli

Am Vormittag zur Aufnahme eines Gesprächs zum Hessischen Rundfunk nach Frankfurt. Der Pförtner fagt: „Wo wollen Sie denn hin?" Ich sage: „Zur Literatur." Der Pförtner antwortet: „Sie sehen so aus, als wären Sie von Siemens und wollten ins Kopierwerk."

Am Abend sitze ich mit Brigitte in Aßmannshausen. Unter luftiger Glyzinienpergola trinken wir einen Wein, betrachten den Verkehr auf dem Fluß. Vor mir auf dem Tisch liegt mein Notizbuch. Wer sollte wohl denken, dies sei das intime Tagebuch eines Stadtschreibers von Mainz? So wie es aussieht, könnte es ebenso gut das Reparaturbüchlein eines Mannes von Siemens sein.

9. Juli, nachmittags

Die Schnakenplage bringt es an den Tag: Moguntinus läßt an William Faulkner denken. „Zeigt her

Eure Beine", ist seine Kolumne zum 8. Juli im „Mainzer Anzeiger" betitelt, und folgerichtig heißt es dort: „Man könnte den Text des alten Kinderliedes umwandeln und ihn ‚schnakengerecht' singen. Denn wer an Armen und Beinen keine Stiche vorzuweisen hat, muß 24 Stunden am Tag unter einer Glasglocke sitzen und schwitzen. ‚Es macht kään Spaß mehr, frisch' Luft zu schnappe', sagte die Nachbarin und traf die Schnake auf den Kopf. Früher küßte es auf der Bank hinterm Hausgarten an den hohen Hecken. Heute ‚batscht' es dort beim Schnakenkillen."

Aufmerksame AZ-Leser raten außerdem zum Einreiben mit Nelkenöl pur oder Nelkenöl mit Glyzerin, Tomatenblättern, Margeritendolden, Rainfarn und Kernseife. „Betupfen der verwundeten Stelle mit Salmiakgeist befreit am schnellsten und sichersten von dem brennenden Jucken des Mückenspeichels", schreibt Tiervater Brehm.

10. Juli, vormittags

In diesen Tagen ist die Zeitung voll von Aufklärung und Ratschlägen. Was so jucke, sei das Histamin, sagt Dr. Jehl vom Mainzer Gesundheitsamt, die Schnake setze es frei, damit das Blut, das sie sauge, ordentlich flüssig werde. Doch es bleibt nicht bei biologischen Gesichtspunkten, es kommen „bekämpfungspolitische Aspekte" ins Spiel. Die Schnaken bringen Bewegung ins Rathaus, nicht nur das ökologische, auch das politische Gleichgewicht ist gestört: die Schnakenfrage dürfe nicht bis zur Septembersitzung des Stadtrat-Umweltausschusses vertagt werden, rufen die Schnakenbewußten, Handeln sei jetzt geboten! Kaum ist die Frage aufgeworfen: wie steht es mit Pyrethron-, wie mit Struzitpräparaten, sollen Eiweißprodukte, dürfen Proteinerzeugnisse zur Bekämpfung verwendet werden? Da heißt es schon: die Schnakenbriketts sind da!

Was passiert nun aber im Laubenheimer Ried, in der Ginsheimer Au? Statt Briketts werden Begriffe eingesetzt. „Dauergewässer, temporäre Tümpel, Hochwasser-Retentionsräume!" rufen die Grünen, aber das ökologische Vokabular klingt chinesisch in den Mainzer Ohren. Schnakenplage, Schnakenfrage, Schnakenwirbel, Schnakendiskussion: ein Naturschützer argumentiert, es gebe nun einmal schnakengewohnte Alteinwohner und schnakenungewohnte Neusiedler in Mainz: ein Schnakenanpassungsprozeß sei vonnöten, und dieser sei nur durch stetiges Vertrautwerden mit den Schnaken durchzuführen. In seiner Glosse pointiert Rolf Dörrlamm diesen skurrilen Lamarckismus mit der Überlegung, „ob es nicht sinnvoll wäre, künftig bereits Babies den plagenden Insektenstichen auszuliefern, damit sie sich zeitig mit den Gegebenheiten der Natur vertraut machen und so das Rüstzeug erwerben, das ‚schnakengewohnten Altbürgern' eigen ist."

Apropos Tiervater Brehm! „Daß man diesen Plagegeistern auch eine gute Seite abgewinnen könne", schreibt er, „beweist ein Heilverfahren, welches zu Veracruz ein Arzt, namens Delacoux, mit einer Dame einleitete. Diese lag infolge einer Gehirnentzündung seit zwölf Stunden in tiefer Schlafsucht, und trug die Kennzeichen eines baldigen Todes an sich. Der Arzt öffnete das Bett und setzte die Kranke zwei Stunden lang den Stichen der Moskitos aus. Die Schlafsucht hörte infolgedessen bald auf und die Kranke befand sich am andern Tage nicht nur noch unter den Lebenden, sondern auch um vieles besser."

Na also, wer sagt's denn!

11. Juli

Wer Moguntinus ist, dessen Glosse wir jeden Morgen am Frühstückstisch lesen? Moguntinus ist Urmainzer aus Gonsenheim, er versieht das Mainzer Tagesgeschehen mit manchmal spöttischen, manchmal bissigen, manchmal melancholischen Bemerkungen. Der Hund eines Präsidenten springt in den Matsch, Moguntinus glossiert es. Die umgepflanzten Bäume in der Großen Bleiche schlagen nicht aus, Moguntinus glossiert es. Auf dem Theaterplatz sind Mäuse gesehen worden, Moguntinus glossiert es. Doch juckt sein Histamin die Mainzer Bürger? Ist Moguntinus ein Mainzer Moskito? Wohl möglich; doch es lassen auch der Fastnachter, der Kulturdezernent, der Stadtschreiber den Stachel heraus, und so könnten auch sie gut und gerne Mainzer Moskitos sein.

28. August

Die bewegliche Letter. Der flanierende Buchstabe. In der Eingangshalle des „Römischen Kaisers", unter üppig stuckierter Barockdecke, steht Gutenberg, in Stein gehauen von Joseph Schöll. Er steht auf solidem Postament, auf festen Beinen. Sein rechtes ist sein Stand-, sein linkes sein Spielbein; er spielt nur wenig, das Knie ist leicht gekrümmt, Gutenberg ist nicht einer der ideologisch bewegten Revolutionäre, unter denen es so viele mit unbeherrschten Spielbeinen gibt. Gutenberg trägt Pumphosen, Pantoffelschuhe, einen pelzverbrämten Mantel, dessen ondulierte Kragenhaare sich im Gekräusel seines Bartes, im Gelock seines Kopfhaars wiederholen.

Das Erregende sind die Lettern, die weltbewegenden Buchstaben. In der Rechten hält Gutenberg die Rolle mit dem Plan der Presse, zu seinen Füßen liegt die Bibel, mit der Linken zeigt er ein Täfelchen, das die lebensentscheidenden Zeichen vorweist. Auf dem Täfelchen ist zu lesen, in erhabenen Lettern: ABC.

Heute ist Goethes Geburtstag.

29. August

Die Reduit von Kastel wird restauriert. Rot steht der Sandstein zwischen dem gelben Gemäuer und gliedert mit Fensterstürzen, Rundbögen und langgezogenen horizontalen Bordüren die zyklopischen Kalksteinmassen.

Ein Mann mit Bulldogge überquert die Brücke zur Maaraue. Dort haben, zwischen Pappeln und Weiden, die Findelkinder des 20. Jahrhunderts in komfortablen Wohnwagen Quartier bezogen. „Lippizano", „Mustang" heißen die Modelle, sie suggerie-

Kastel

ren in einem Atemzug das dressierte und das unge-
zügelte Leben. Vor dem Bootshaus blüht üppig die
wilde Kamille, Rainfarn leuchtet gelb, Wildapfel
glänzt rot, und noch weiter fort pflanzen sich die
Farben der Reduit auf den Bootswänden der Schiffe,
auf den Getränkekästen aus Plastik. Im Katzen-
schwanz an der Uferböschung tummeln sich zwei
Häschen, furchtlos hüpfen sie durchs Gesträuch. Die
Wellen schlagen an, immer im gleichen Takt. Zeit ist
vergangen, seit sich Ingo und Silke, aber auch Mia
und Puta, Paare und Passanten in Versalien und
Monogrammen im Silberstamm einer Pappel ver-
ewigt haben. Die Narben der Schnittwunden sind
aufgequollen, der tätowierte Stamm schillert wie
eine gepunzte monströse Metallsäule. Ja, Zeit vergeht: die Sonnenuhr von Steinmetz Wenzler aus
Wiesbaden, auf dem 50. Grad nördlicher Breite und
8 Grad 15 Minuten östlicher Länge mitten im
Schwimmbadareal gelegen, zeigt an, wann es Mittag
in Bagdad und Bombay, Mitternacht auf Neusee-
land und den Aleuten ist. „Freund, hast du schon
herausgefunden,/ Verschieden lang sind unsre Stunden", hat Herr Wenzler in den Stein geschlagen, und
der Freund, Stadtschreiber zu Mainz, tauscht seine
Wörter, die die Wechselfälle des Lebens benennen.

Zeit vergeht

Glück sich dreht

Kopf besteht

Auf begrünter Warft steht das Denkmal, das Lehr-
linge des Bildhauerhandwerks im Ausbildungszen-
trum Mainz zum Gedächtnis Kaiser Barbarossas er-
richtet haben, der zu Pfingsten 1184 sein Lager auf
der Maaraue aufgeschlagen hatte. Reichsfest zu

Mainz: starr stehen die fürstlichen Figuren da, als habe die Zeit kein Recht an ihnen. Doch schon sind ihnen die Sandsteinnasen abgeschlagen, der teutonische Vandalismus ist nicht aufzuhalten.

Wir bleiben stehen. Auf einem Holunderzweig liegt eine Eichelhäherfeder. Ich trete ins Gebüsch. Der Zweig knickt an meiner Schulter. Ich rieche den strengen Duft, der aus der Schnittstelle strömt. Er steigt in meine Nase und erfüllt den ganzen Kopf. Ich erinnere mich an einen Weiher meiner Kinderzeit, an Sommertage, als die ganze Luft von diesem Duft durchdrungen war.

30. August

Es ist Sonntag. Kloster Eberbach, in eine Mulde voller Platanen und Nußbäume geschmiegt, blitzt auf im Mittagslicht. Durch das obere Tor treten zwei Männer in den Wirtschaftshof, sie tragen Lederhosen an den Beinen und Rucksäcke auf den Rücken, ihre Frauen, zehn Schritte hinter ihnen, haben ihre Strickwesten um die Hüften geschlungen und schwingen benagelte Spazierstöcke. Sie marschieren am Scheunen- und Kellergebäude entlang und, obwohl bayrisch kostümiert, sagt der eine der beiden Männer: „Bei uns in Norddeutschland ist das Alte doch viel besser restauriert." Er setzt seine Bergstiefel auf das Klosterpflaster und läßt die Nägel knallen.

Unter den hohen Tannen vor der Basilika schreiten zwei junge Leute auf und ab, ein Mann und ein Mädchen. Das Mädchen ist katholisch, der Mann

Kloster Eberbach

evangelisch. „Das Wichtigste am Protestantismus ist der persönliche Bezug", sagt der junge Mann, „bei euch Katholiken herrscht das anonyme Kollektiv." Das Mädchen faßt nach der Hand des jungen Mannes, ganz persönlich, doch sie bleibt ihr entzogen; der Protestant, in programmatische Gedanken verstrickt, irrt durch seine Abstraktionen und nimmt Fleisch und Blut gar nicht wahr. Das Mädchen greift an seine Schulter, streicht ihm über den Arm, der junge Mann hat offensichtlich Schwierigkeiten mit dem persönlichen Bezug, wenigstens im Leben.

Wir spazieren weiter. Ein Mann in blauer Schürzenhose, der im Hinterhof der Neuen Abtei seine Hunde striegelt, sagt zu mir: „Da läuft sonntags alles mögliche herum, Alte und Junge, Chinesen und Türken, die nicht einmal evangelisch, geschweige denn katholisch, sind. Als „Der Name der Rose" hier gedreht wurde, war ringsum die ganze Gegend mit Mönchen bevölkert. Das waren aber alles falsche, das waren Statisten und Stuntmen – oder wie die heißen – waren dabei, die mußten nämlich durchs Feuer laufen." Vom Film sei nichts übriggeblieben als ein Kerzenleuchter und ein Holzkreuz, die hingen in der Basilika und dürften da hängenbleiben, das hätte der hessische Staat erlaubt, denn die machten sich da ganz gut.

Die Klosterschänke ist voll besetzt mit kostümierten Statisten, Bayern aus dem Norden, Seeleute aus den Alpen, katholische Protestanten, protestantische Katholiken, beflissene Exoten. Da sitzen sie, als hätten sie ihre eigenen Kleider ausgezogen und in den Fundus gehängt.

30. August, nachmittags

Wir fahren nach Darmstadt, um die Georg-Büchner-Ausstellung zu sehen. Am meisten beeindrucken die Gegenstände und Geräte, die die Zeitumstände, die gesellschaftlichen Verhältnisse, das kulturelle Leben der Zeit vergegenwärtigen: Zwangsjacken und Karzerbretter, Klistier- und Injektionsspritzen, Schröpfschnepper und Ecraseurs mit Ketten zum Abquetschen von Weichteilen, Schlingenschnürer und Geburtszangen und der präparierte Penis in Spiritus, vor dem sich die Besucher drängen.

Da gibt es aber auch den Glaskasten mit den schillernden Schmetterlingen, das Bildnis von Goethe mit der feisten Nase und den „Hessischen Landboten", aufgeschlagen bei der Stelle, wo es heißt: „Dies Geld ist der Blutzehnte!" und: „Friede den Hütten! Krieg den Palästen!"

4. September

Eine dicke Frau sitzt auf dem Liebfrauenplatz und ißt einen Apfel. Es ist ein runder, rotbackiger Apfel, der so prächtig glänzt, als käme er geradewegs aus Kalifornien. Die Frau jedoch hat ein solches Vergnügen an dem Apfel, daß ihre Eßlust nur herrühren kann von allersaftigstem Geschmack, den aber ein rasch gereifter kalifornischer Apfel gar nicht haben kann. Ist es vielleicht ein Ingelheimer Augustapfel? Ein Gaualgesheimer Klarapfel? Eine Budenheimer Renette? Ja, gibt es überhaupt Ingelheimer Augustäpfel, Gaualgesheimer Kläräpfel, Budenheimer Re-

netten, und sind sie, falls es sie geben sollte, so rot-
backig wie der Apfel, den die Frau auf dem Mainzer
Liebfrauenplatz zwischen den Zähnen hat? Die Frau
kaut auf beiden Backen, sie sitzt auf einem der weißen Stahlstühle, die dem „Haus am Dom" gegenüber unter den Platanen angekettet sind. Während
die Frau so hingebungsvoll kaut, steht ihre Einkaufs-
tasche neben ihrem Stuhl, prall gefüllt mit Pfirsi-
chen, die aus den offenen Tüten quellen.

Leute gehen vorüber, Frauen mit Kindern am
Rockschoß, Männer mit Hunden an der Leine, Damen mit breiten Netztaschen, die sie demonstrativ
vor dem Schoße hertragen, Herren mit bunten Plastiktüten, die sie am kleinen Finger schlenkern, als
gehörten sie nicht zu ihnen. Wenn hin und wieder
eine Dame im Trachten- oder Plisseerock vorbei-
kommt, kann man sicher sein, daß sie dem Stand
mit dem eingelegten Griechischen zustrebt; dort gibt
es eingelegte Artischockenherzen, eingelegte blaue
Oliven, eingelegten Schafskäse mit Thymian und
Rosmarin, und man vermutet richtig, wenn man an-
nimmt, daß die Dame am Abend anspruchsvolle Gäste mit Vorliebe fürs Exotische erwartet.

Ganz gleich, ob jemand auf einem Stuhl sitzt und
einen Apfel ißt oder über den Platz eilt, um griechische Spezialitäten einzukaufen: es geht heiß her. Die
Frau auf dem Stuhl hat inzwischen rote Backen wie
der Apfel sie hatte, doch auch die Wangen der Dame
mit dem Schafskäse im Netz sind von sanftem Rosa
behaucht. Es ist zehn Uhr. Jetzt ist der Liebfrauenplatz übervölkert, es wimmelt von allen Spezies der
Gehkunst, das ist ein Trampeln und Tappen, ein
Trippeln und Tänzeln, einige gleiten, andere schlen-

kern, dritte schlängeln sich aneinander vorbei, schieben und schweifen, stapfen und stampfen, je nach Anlage und Anlaß. Das meiste Gedränge herrscht vor dem Fleisch- und Wurststand von Hansotto Hardt aus Stadecken. Warum bloß? Ist es eine besondere Weißwurst, Gelbwurst, Rotwurst, die er in Stadecken wurstelt, sind es spezielle Leiterchen, Füßchen, Schwänzchen, die er dort produziert?

Ein Mann in kurzen Hosen streift zwischen den Marktständen hin und her, ziellos, mürrisch, voller Unrast; er wirft verächtliche Blicke auf die Obst- und Gemüsestellagen: da liegen Gurken und Kürbisse, Zwiebeln und Kartoffeln prächtig ausgebreitet, ein Farbenspiel von Rot und Gelb und Grün ist im Gange, vor allem das verschiedenartige Grün wetteifert miteinander, Lauchgrün mit Peterlingsgrün, Bohnen- mit Erbsengrün, ja die kräftigen Radieschenblätter schillern in ganz besonderem Grünglanz, und dieser nervöse Mensch schnürt an den Ständen entlang, wie ein Wolf, dem der Kopf nicht nach Obst und Gemüse steht. Das Spiel der Farben, das Bündel der Gerüche schert den Mann wenig, er spuckt vor sich auf den Boden, rempelt jeden Augenblick einen Passanten an und sagt dann mit hannoverschem Zungenschlag: „Weg da! Das nächste Mal kriegen Sie heiße Ohren." Am Ende aber dreht er plötzlich ab, stapft über das Pflaster und verschwindet im „Haus am Dom". Geht er zum Augenarzt? Geht er zum Hautarzt? Sucht er das bischöfliche Ordinariat oder die Redaktion von „Glaube und Leben" auf? „Den kenn ich", sagt die Metzgersfrau aus Stadecken, „des is en Verrückte!" und schneidet eine gut gewachsene Schweinsrippe herunter.

Inzwischen ist es elf geworden. Frau Pfeifer aus Finthen, die älteste Mainzer Marktfrau, sitzt auf einer Apfelkiste und legt für ein paar Minuten die Hände in den Schoß. Sie streicht durch ihr silbernes Haar; ihr Gesicht, aber auch ihre Zwetschen und Mirabellen strahlen mit roten und gelben Bäckchen. Das bewegte Leben hat seinen Preis. Über den Marktplatz hallt der Ruf: „Deutsche Freilandtomaten! Das Kilo nur noch zwei Mack!" Die dicke Frau sitzt noch immer auf dem weißen Stuhl. Jetzt hat sie einen belegten Doppelweck am Wickel und heiße Ohren vom Kauen.

Heiß ist auch Bäcker Posts „Heiße Theke". Darauf gibt es aber nicht nur die heißen Sachen, sondern auch Weißbrot und Schwarzbrot, Schlankbrot und Holzluckenbrot, Katen-, Kommiß- und Procontrabrot. Wer zählt die Kaiserbrötchen, die Sesambrötchen, die Kümmel-, die Speck-, die Zwiebelbrötchen! Der eine mag Paarweck, der andere liebt Partyweck, doch nichts geht über Schweizer Bürli. Und erst die Baisers und die Hagelzuckerplätzchen, der Prasselkuchen und die Schwarzweiß-Taler, die Bobbes und die Flammenden Herzen! Unerschöpflich ist die Mainzer Mischung von Bäcker Post: Cocosmakronen, Lucca-Augen, Zitronenrollen, ein poetisches Backwarenuniversum ist auf Posts Tischleindeckdich ausgeschüttet, direkt neben der heißen Theke.

Vom Dom schlägt es zwölf. Schon sind die ersten Stände geräumt, Kisten und Kasten liegen übereinandergetürmt, am Ausgang der Schusterstraße wartet die Kehrmaschine, des Mainzers köstlichste Errungenschaft. Der unbeherrschte Mensch in kurzen Ho-

sen kommt vom „Haus am Dom" auf den Liebfrauenplatz zurück. Er bleibt stehen angesichts des leeren Platzes, fährt sich über die Stirn, kratzt sich am
Arm, jetzt hat er keinen Grund mehr, heiße Ohren
anzudrohen.

Die dicke Frau hat ihren Stuhl verlassen.

28. September, in aller Frühe

Wir sind aus Griechenland zurückgekehrt. Auf vier-
zehn heiße Sonnentage folgt nun herbstliche Kühle.
Im Gutenberghaus, auf der Treppe, treffe ich Fräulein Wunnenberg. „Wo waren Sie?" fragt Fräulein
Wunnenberg, die den ganzen Tag über unter dem
Dach in einem kleinen Kämmerchen sitzt, Plakate
archiviert, Tiefdrucke katalogisiert, Bibliographien
registriert. „In der Ägäis? Auf dem Peloponnes? Sie
sind aber nicht braun."

28. September, nachmittags

Vom Donnersberg herunter sieht die Landschaft wie
gewaschen aus, glatt gestriegelt und gut gekleidet,
herbstmodefarben. Rostbraun herrscht vor. Vom
Turm aus könnte man einen weiten Blick über Wäl-
der und Felder haben. Doch es ist Montag, und die
Tür des Ludwigsturms ist verschlossen. Vom Molt-
kefels aus sieht man nur auf Tannenspitzen, und der
Weg zum Königsstuhl ist gesperrt. Zum Glück finden wir ein paar Durchblicke zwischen ausgeholzten
Hochwaldstücken.

Kirchheimbolanden ist ein schöner Name. Er verspricht trauliche Kirchlein, Fachwerkgebälk und sonst allerhand altertümliche Eigenheiten; doch trotz anregender grüner Hinweisschilder auf Schillerhain und Kastanienhof ist das Städtchen modernistisch restauriert. In Kirchheimbolanden heißen die Geschäfte „tobacco-land", „Tolle Wolle" und „Residenz-Videothek". Und sonst? Der steinerne Löwe über der Tür der Löwen-Apotheke hält einen goldnen Ball in den Pranken, auf der Schloßmauer sitzen zwei Pfaue und schauen in den verwilderten Gemüsegarten.

Die Zedern im Schloßgarten schimmern silberblau, die Trauerweide netzt ihre Zweige im Teich. Eine Gruppe Jugendlicher dringt zu den Sitzbänken vor, die Mädchen haben Schreibblöcke in den Händen, sie notieren die botanischen Seltenheiten, deren Namen ihnen die Jungen zurufen. „Mein Baum heißt Mistel!" ruft einer, ein zweiter antwortet: „Das ist doch kein Baum, du Psychopath."

Wir fahren wieder. Aus fernen Sandsteinbrüchen steigen Staubwolken auf, gelbe Düngertüten liegen am Weg, zweireihig, wie gigantische Goldknöpfe des rheinhessischen Herbstkostüms.

29. September, nachmittags

Alles fließt, sagt Heraklit, nichts hat Bestand. Im Augenblick zeigt der Mainzer Rheinpegel 3,92 m. Er ist auf der Uhr abzulesen, die im grauen Schieferturm gegenüber den steinernen Kurfürsten am Rheinufer eingelassen ist. Niemand soll etwa denken, diese Uhr sei eine Normaluhr und sie zeige vier Minuten vor vier, obwohl es gerade vier vor vier ist. Dekorativ, wuchtig, scheinbar für die Ewigkeit gemeißelt, prangt das lorbeerumschlungene L IV neben dem ersten Bogen der Rheinbrücke: es ist eine Huldigung für Großherzog Ludwig IV. von Hessen und bei Rhein. Leider mißachten die Tauben das Sandsteinrelief, sie haben auf Wappen und Krone geschissen. Jetzt ist es zwei Minuten vor vier. Die Meßdaten der Rheinwasseruntersuchungsstation zeigen an, daß die Wassertemperatur des Flusses augenblicklich 18,1 Grad, der PH-Wert 7,6, der Sauerstoffgehalt 7,3, der Chloridgehalt 67 betragen; doch schon eine Minute später ist die Temperatur auf 18,2, der Sauerstoffgehalt auf 7,6 gestiegen, der PH-Wert auf 7,3 gefallen.

Tapfer hält der steinerne Löwe auf dem Raimund-Tor das Wappen in seinen Pranken. Er fletscht die Zähne, er ringelt den Schwanz, niemand achtet seiner; Gras wächst auf dem Architrav, der gelbe Stein erodiert in den Auspuffgasen. Frauenlobs Barke liegt fest im Brunnen einbetoniert, die Ruderer schauen grimmig drein, der eine schaut in die Frauenlobstraße, der andere zur Spitze der Petersaue. Der Minnesänger schlägt die Laute, er sitzt unter dem geblähten Segel und schaut geradeaus. Er sieht nicht, daß die Bronze Grünspan gezogen hat. Der Grünspan ist blau, das Moos ist gelb, das Gras ist braun, es ist Herbst. 840 ist auf der Petersaue Ludwig der Fromme gestorben. Noch immer fließt das Wasser des Rheins talabwärts, jetzt, 16 Uhr 27, sind die kritischen Werte weiter gestiegen.

111

29. September, abends

Am Abend stellt Cohn-Bendit sein neues Buch im
Gonsenheimer Rathaus vor, es heißt: „Wir haben sie
so geliebt, die Revolution", und nicht nur in diesem
Titel spricht sich ein kindliches Bedauern aus. Herz,
Gemüt, Träume: Cohn-Bendit scheut sich nicht,
Emotionen zu beschwören, Nostalgie zu beteuern.
Was ist aus den Sehnsüchten geworden, wohin haben sich die Aggressionen verflüchtigt? Er erzählt
von alten Aktivisten, plaudert von den Veteranen
der 68iger Revolte, von Leuten, die vor zwanzig Jahren die Hippie-, vor zwei Jahren die Yuppibewegung
begründet haben, er hat zwei Amerikaner interviewt,
von denen der eine alter Kämpfer geblieben, der andere Börsenmakler in Wallstreet geworden ist.

Die Zeit zieht sich hin. Eine junge Frau in grünem
Pullover hat zu stricken begonnen, ein bärtiger Mitt-
vierziger bohrt sich im Ohr. Unter den postionischen
Säulen des Gonsenheimer Rathaussaales breitet sich
Nachtstimmung aus, Herr Lux besänftigt die letzten
Diskutanten, glättet die analytischen Wogen. Alles
ist im Fluß, wer weiß, auf welche Werte es die Apparaturen der Meßstation jetzt gebracht haben, mitten
in der Nacht.

30. September

Winkel hat sich seit Brentanos Zeiten stark verän-
dert. „Man muß schon in die Toreinfahrten
schauen", sagt Brigitte. Das Brentanohaus, ange-
nehm in seinen Maßen, liegt hinter einer hohen

Bruchsteinmauer, die Straßenfront ist vergammelt, der Verkehr braust an allen vier Seiten vorbei. So erstickt der romantische Anhauch in den blauen Auspuffgasen, nicht nur im schroffen, abweisenden Atem des Hausbesitzers. Kohlendioxyd: Requiem für ein Dichterhaus. Kein Ort, nein.

1. Oktober

Wir spazieren über den alten israelitischen Friedhof, der hinter der Mombacher Straße liegt. Am Hang wächst Gras, das hoch geschossen ist, es gibt sandige Stücke mit Spitzwegerich und Wolfsmilch, gelb blüht noch das Kreuzkraut, am Spargelkraut hängt schon die rote Beere. Die Grabsteine, rostrot gefleckt, stehen in lichten Reihen den Berg hinauf, die Mittagssonne wirft ihr Licht auf die Rückseiten der Steine, so daß die Stirnseiten mit den hebräischen Lettern im Schatten liegen. Es ist kein stiller Ort: Motorenkrach tönt die Mombacher Straße entlang, über den Kronen der Ahornbäume ziehen Jumbojets ihre Landungsschleife. Eine Rettungssirene heult auf, hinter den Schuppen des Güterbahnhofs rattert ein Zug auf den Gleisen.

Und doch, wenn ich lange genug dasitze und schaue, verhallt der Lärm in meinem Kopf zu einem sanften Brausen, ein Lichtstrahl, wie von fernher, huscht über die Zinnen und Säulen und verwandelt sie in persische Paläste. Um einen grauen Granitblock hat sich Efeu geschlungen, ein verwitterter Sandstein ist in wilde Rebe gehüllt, ich denke an mein Märchenbuch der Brüder Grimm, in dem es

Alter Judenfriedhof

ein Bild gibt von Aschenputtel am Grab seiner Mutter. Hinter dem Stein ragt ein geschwungener Holzstock auf, wie auch hier einer im Gestrüpp steht. Ein Vogel sitzt oben auf dem Knauf und rührt sich nicht.

Ist Flora Lorch früher gestorben als sie geboren wurde? Auf ihrem Grab ist eine steinerne Rose erblüht, sie hat keine Dornen, sie tut niemand weh. Beim genauen Hinschauen entpuppt sich die 5 als eine 3, und Flora Lorch ist doch erst gestorben, nachdem sie geboren war: geboren 1839, gestorben 1857.

2. Oktober

In der „Intercoiffure-Boutique und -Parfümerie" kaufe ich mir einen Rasierpinsel. Die Verkäuferin sagt: „Ich geb Ihnen noch ein Duftmittel für Ihr Hautbild mit." Es ist eine „Eau de Cologne pour Homme, Vetiver de Guerlain" aus Paris.

7. Oktober

Wir stehen vor dem Haus des Schiedsmanns in Nakkenheim. Es ist ein restaurierter Fachwerkbau, Ochsenzungenrot herrscht vor: ochsenzungenrot ist das Holz gestrichen, ochsenzungenrot ist der steinerne Pranger, ochsenzungenrot die Plakette an der Hausfront links. Auf kräftiger Konsole steht Zuckmayers Kopf in Bronze. „Nein, nein, das ist nicht sein Geburtshaus", sagt die Nachbarin, die im Fenster liegt und den Straßenverkehr beobachtet, „das Geburtshaus ist oben bei der Kapselfabrik. Da müssen Sie hinfahren."

Am Rande der Kapselfabrik, zweistöckig gemauert, finden wir Zuckmayers Geburtshaus. Ein Rebstock wächst in der Mitte der Hausfront hoch, verzweigt sich über der unteren Fensterreihe, wölbt sich zur Seite und zur Unterkante der zweiten Fensterreihe auf und verbirgt die Bronzetafel, die von blauen Beeren umschlossen ist. Hinter dem Haus steigt der verwilderte Garten empor, flankiert vom fröhlichen Weinberg. Im Hof der Kapselfabrik parken Lastkraftwagen mit Anhängern: der M.A.N. von Thomas Prigges „Internationaler Spedition Lübeck" ist so groß, daß er Kapseln laden kann für Norddeutschland, Skandinavien und die halbe Eismeerwelt.

10. Oktober

Was ist eine Messe? Es gibt Automobilmessen und Gartenmöbelmessen, Softwaremessen und Lederwarenmessen. In Mainz, heißt es, ist Herbstmesse. Auf dem Rathausvorplatz und am Rheinufer stehen wieder Schießbuden und Autoscooter, Bratwurststände und Mandelröstereien. Es gibt Popcorn und Zuckerwatte, Nierenspieße und türkischen Honig. Was ist das für eine Messe? Es ist weder Buch- noch Bier-, weder Wurst- noch Weinmesse. Kommt es daher, daß die Mainzer Hauptstädter und Maßstab sind für alle Arten von Jahrmärkten, daß sie von jeder Kirmes sagen, es sei eine Messe?

116

22. Oktober

In Alzey gibt es eine Nervenheilanstalt. Das wissen
die Mainzer, sie bespötteln es, sie schlachten es aus.
Wenn ein Fremder einen Mainzer fragt: „Wie komm
ich von hier nach Alzey?" antwortet der Mainzer:
„Zieh dich nackig aus unn mach de Handstand,
dann biste im Nu in Alzey."

26. Oktober

„Ave Maria, Born der Gnaden", so steht es in großen goldenen Lettern über dem hohen Portal der
Marienborner Kirche geschrieben. Auch die Texte,
welche die Kreuzwegstationen im Innern der Kirche
begleiten, sind kurz angebunden.

Ich habe mich im Zentrum des Kirchenraums auf-
gepflanzt und schaue nach allen Seiten, mal hier hin,
mal da hin. Ich lese: „Die Frauen/ todmatt/ ent-
blößt/ angenagelt/ Opfertod/ Abnahme/ Grable-
gung/ verurteilt/ beladen/ gefallen/ o Mutter/ Si-
mon/ Veronika/ erschöpft." Es ist ein grauer Barock
mit rosa Wappenfeldern, Engelsflügel und Akan-
thusblätter strahlen im Goldglanz. Mach dir ein Bild!

In den Gärten blühen Astern, Studentenblumen,
Dahlien. Der Spargel ist geschossen, aus den frisch
gepflügten Feldern ragen schon die Spitzen der Win-
tersaat. In einem Garten am Dorfrand entdecken wir
eine Pflanze mit stachligen Früchten, die uns unbekannt ist. „Des is was Ausländisches", sagt eine
Frau zu uns, „des muß was Spanisches soi." Wir
spazieren bergauf. Aus den Schneebeeren grüßt es in

leuchtenden Buchstaben: „Raiffeisenbank Bretzen-
heim/ die gute Bank." Es ist ein bedeckter Tag, die
Stadt in der Flußebene verschwimmt im Dunst. Am
18. Juni 1793, als Goethe hier stand und Mainz brennen sah, war Sommer und die Nacht klar und mit
Sternen besetzt. Goethe machte Worte, er sprach lite-
rarisch, obwohl ihm das Bild wahrhaftiger erschien.

„Fortgesetztes Bombardement gegen den Dom;
Turm und Dach brennen ab und viele Häuser umher. Nach Mitternacht die Jesuitenkirche", schreibt
er in seinem Tagebuch der „Belagerung von Mainz",
„wir sahen auf der Schanze vor Marienborn diesem
schrecklichen Schauspiele zu; es war die sternenhell-
ste Nacht, die Bomben schienen mit den Himmelslichtern zu wetteifern, und es waren wirklich Augen-
blicke, wo man beide nicht unterscheiden konnte.
Neu war uns das Steigen und Fallen der Feuerku-
geln: denn wenn sie erst mit einem flachen Zirkelbo-
gen das Firmament zu erreichen drohten, so knick-
ten sie in einer gewissen Höhe parabolisch zusammen, und die aufsteigende Lohe verkündigte bald,
daß sie ihr Ziel zu erreichen gewußt. – Herr Gore
und Herr Kraus behandelten den Vorfall künstle-
risch und machten so viele Brandstudien, daß ihnen
später gelang, ein durchscheinendes Nachtstück zu
verfertigen, welches noch vorhanden ist und, wohl
erleuchtet mehr als irgend eine Wortbeschreibung,
die Vorstellung einer unselig glühenden Hauptstadt
des Vaterlandes zu überliefern imstande sein
möchte."

Wir steigen bergauf bis zum Forsthaus an der Es-
senheimer Straße. Dem Haus mit dem deutschen
Walmdach unter den beiden Roßkastanien liegt das

118

Restaurant „New Korea" gegenüber, mit neukoreanischer Eingangspforte. Die Welt ist weiter, noch lauter, noch leuchtender geworden: zur Rush-hour am Spätnachmittag wetteifern die Autoscheinwerfer mit den Himmelslichtern.

29. Oktober

Wir stehen auf dem Rosenküppel. Unter uns im Tal, unterhalb der Autobahn, liegt Idstein, breit hingelagert im Oktoberdunst. Hier oben hat die Sonne schon den Nebel durchstoßen, ihre Strahlen treffen das nasse Gras und die grauen Schieferstücke im Acker. Gras und Schiefer glänzen, auch die Seitenfassade des Schlosses und die Flanke des Hexenturms blitzen jetzt im Sonnenlicht auf. Es ist mehr als 45 Jahre her, seit ich hier auf dem Hügel saß; es war Sommer, und wir waren mit der Schulklasse hier heraufgekommen, um den Sonnenaufgang zu sehen und zu beschreiben. Wo heute Eichen und Kiefern stehen, wo sich Wacholderbüsche über Bänke und Papierkörbe neigen, war ehemals Heide. Heckenrosen blühten im Überfluß, und obwohl ich nicht mehr weiß, mit welchen Worten ich damals den Sonnenaufgang beschrieben habe, erinnere ich mich dieser rosafarbenen Blütenpracht. Die Heidekuppe hat sich in eine Freizeitecke verwandelt, auf der Höhe des Hügels steht ein Sendemast des Hessischen Rundfunks, über die Autobahn braust der Mittagsverkehr. Bei Orlen, auf der Höhe der Hühnerstraße, sind Wachturm, Palisade, Graben und Erdwall einer Limesbefestigung rekonstruiert worden. Alles sieht aus, wie wir es als Schüler aus Schreibers Modellbogen gebastelt haben. Mit schwarzem Filzstift ist an die Zyklopenmauer des Turms geschrieben: „3. Kohorte des 2. Pfadfinderregiments, Mädchen und Knaben." Zweihundert Schritte hinter dem Turm, unter hohen Buchen, liegt die Rundschanze, Reste eines kleinen Amphitheaters für Tierkämpfe mit Bären und Wölfen.

4. November

Zwei Mainzer treffen sich an der Ecke im Tabakladen. Der eine sagt: „Was, du lebst noch?" Der andere antwortet: „Ich habs Durchatme ebe nit vergesse."

5. November

An der Chaussee nach Heidesheim, eine Strecke Wegs hinter der großen Schleife, ist ein handgeschnitzter Wegweiser an einem Telegrafenmast befestigt, darauf ist zu lesen, in fester, gotischer Fraktur: „Rotkäppchen." Das Schild zeigt auf ein Haus an der gegenüberliegenden Straßenseite; es ist eine weiße, zweigeschossige Villa mit doppeltem Treppenaufgang, vorgezogenem Fassadenteil mit Walmdach, ein Haus, das wohl einmal bessere Zeiten gesehen hat. Im unteren Geschoß sind die Läden heruntergelassen, der Gästeparkplatz ist leer, die Laternen beiderseits der Esplanade tragen die Buchstaben BAR, einmal von links nach rechts, einmal von oben nach unten geschrieben. Kein Mensch zeigt sich, die mächtige Fichte vor der Gartenterrasse neigt ihre Äste über den Parkplatz. Der gelbe Briefkasten trägt die Aufschrift „Freitag", die Bushaltestelle ist verwaist. Herbstblätter bedecken den Boden, über das Laub führt der Weg hinter das Haus, wo Rotkäppchen und der Wolf al fresco auf die Hinterfront gemalt sind. Rotkäppchen sieht aus wie eine Animierdame im Dirndl, seine Lippen sind geschminkt, seine Wangen mit Rouge getönt, die blauen Augen glänzen, als seien sie von Belladonna stimuliert. Rotkäppchen trägt eine blonde Perücke und ein Röckchen in Minimode. Der Wolf fletscht zwar die Zähne, doch an den Hinterläufen ist er schon abgeblättert, und das Weiß der Hauswand kommt zum Vorschein. Es ist ein nicht mehr ganz unschuldiges Weiß.

„Club Hotel, Eingang. Bitte läuten!" steht über einer Stahltür geschrieben.

7. November

Im Pfälzer Wald leben die Pfälzer. Das wußten wir schon als Kinder. Wenn Großvater ein Märchen erzählte, in dem ein Wald vorkam, dachten wir an den Pfälzer Wald. Im deutschen Märchen ist der Wald immer groß und dick, und das wurde auch vom Pfälzer Wald gesagt. „Der Pfälzer Wald ist groß", sagte Großvater, „der Pfälzer Wald ist dick." Und als ich den Anfang von „Jorinde und Joringel" las, wo es heißt: „Es war einmal ein altes Schloß mitten in einem großen dicken Wald", da wußte ich genau, die-

Im Pfälzer Wald

ses Schloß lag in einem Wald, der nicht groß oder dick, sondern groß und dick zugleich war, und es würde nur im Pfälzer Wald zu finden sein, dort, wo er am größten und dicksten ist. So konnte die Hexe, diese Erzzauberin, nur eine Pfälzer Hexe sein, die Turteltaube eine Pfälzer Turteltaube und die Nachteule eine Pfälzer Nachteule.

Das alles hatte natürlich auch etwas mit Großvater persönlich zu tun, der ja, vom Hunsrück gekommen, Saarländer geworden war und der Pfalz und ihren Pfälzern von Anfang an mit Mißtrauen gegenüberstand. Die Pfalz, das war für uns Kinder ein finsteres Waldland, schier undurchdringlich und menschenleer, im Unterschied zu unserem hellen und freundlichen Saarland. Daß es hinter dem Pfälzer Wald sanfte Hügel geben würde mit Feigen und Kastanien, mit Wein und Nüssen und dem gewaltigen Rheinstrom in der Ebene, das wußten wir nur vor Weihnachten, wenn vom Nikolaus erzählt wurde, der alle diese Früchte in seinem Sack mitbrachte. Aber er kam aus Spanien, hieß es im Lied, und so war das Land hinter dem Gebirge für uns Spanien, obwohl die Pfälzer uns seit eh und je weismachen wollen, es sei die Pfalz.

Nein, nein, die Pfalz ist ein Land, in dem die Nebel brauen, und tatsächlich, als wir unlängst aus Neustadt herausfuhren und uns nach Lambrecht wandten, gerieten wir so unversehens in einen pfälzischen Dunst und Dämmer, daß es uns graute wie Jorinde und Joringel im großen dicken Märchenwald. Wer aus Neustadt heraus ist, hat Spanien hinter sich gelassen, er darf sich hinknien und den Schöpfer um Beistand bitten, wenn er ein gläubiger

Christ ist, er muß all seinen Mut zusammennehmen, wenn er ein agnostischer Zweifler ist und seinen Weg alleine sucht. Am Ortsausgang von Neustadt ist ein Schild zu lesen mit der Aufschrift: „Danke schön. Auf Wiedersehn!" Ein Klotz Weintrauben schmückt das Schild, dann kommen nur noch Papierfabriken mit hohen Schornsteinen und wildem Wein an sonst kahlen Mauern, und zwischen den Stämmen an der Straße wabert der Nebel.

Wir sind ins Elmsteiner Tal eingebogen. Frankeneck, an seinem Anfang, ist eine Gemeinde Europas, verschwistert mit Tenburg Wells und Thuit-Anger, Thuit-Signol und Thuit-Simer, es wird zweihundert Jahre alt und kokettiert schon mit der Geschichte. Rechterhand, im Esthaler Tal, ragen die Tannen steil in die Nebelbänke auf, hinter den grünen Baumspitzen bleckt das Weiß der Birkenstämme, auf der Straße blitzt es von Blättern, als habe der Buchenwald Myriaden von Bronzeplaketten auf den Boden geworfen. Es ist Herbst, der Farn schimmert goldgelb, und doch blendet er nicht das Auge. Die Sonne fehlt, das Gold bleicht im milchigen Dunst. Wir fahren talaufwärts. Der Hydrant des Feuerwehrschulungsheims „Sattelmühle" ist mit einem gemauerten Brunnentrog kaschiert, auf dem Satteldach dreht sich ein bunter Wetterhahn. Das Haus, aus massiven Sandsteinen gebaut, dominiert die Straße auf pfälzische Weise, Wappen zieren die Fassade, in der eine stählerne Reliefplastik den heiligen Florian zeigt, wie er sich in einen modernen pfälzischen Feuerwehrmann verwandelt hat.

Hinter dem Haus weidet ein weißer Geißbock mit gedrehtem Horn. Er hebt den Kopf, wendet sich um und öffnet den Mund, als gäbe es etwas zu meckern.

Das Forstgut an der Straße schläft schon den vorwinterlichen Dämmerschlaf. In den ausgehauenen Brunnentrog unter der Roßkastanie rinnt ein fadendünnes Wasser, die Enten im Teich ziehen ihre Silberspur unter den Trauerweiden. Das Gut, im Besitz der „Allianz Grundstücks AG", kümmert sich um den zukünftigen Menschen. Am Stalltor hängt die Verordnung für Wildbret des Landesjagdverbands Rheinland-Pfalz. Zehn gute Gründe zum Verzehr von Wildbret gibt das Blatt an, daß zum Beispiel die Ausscheidung der über die Äsung aufgenommenen Stoffe durch den Tschernobyl-Unfall viel rascher erfolgt sei als angenommen, die biologische Halbwertzeit betrage nicht wie angenommen 70, sondern nur 20 Tage. Ja, das ist wohl ein guter Grund, denken auch wir, denn Wildbret enthält wie Fisch die ungesättigte Omega-3-Fettsäure, die zur Vorbeugung gegen Herzinfarkte und Gefäßerkrankungen so unschätzbar wichtig ist.

Parallel zum Speyerbach laufen Straßen, Telegrafenleitung und ab und zu die Schienen der alten Museumsbahn. Erfenstein und Spangenberg, die alten Raub- und Felsennester, liegen sich auf Rufweite im Tal gegenüber, die eine rechtwinklig aufgemauert mit Zinnen als Krönung, die andere nur noch als Mauerfragment auf dem Felsvorsprung. Die Tür- und Fensteröffnungen führen nach beiden Seiten ins Freie, der Wind bläst hindurch, er schluchzt und wimmert wie vor Zeiten, als des Spangenbergers Sohn seine Liebeslaute nach dem Erfenstein sandte.

So ziehen wir durch das Elmsteiner Tal, und der Pfälzer Wald zeigt sich von seiner deutschen Seite. Auf den Parkplätzen ist der Rasen gemäht, das Laub gerecht, die Papierkörbe sind geleert, Schilf und Brombeerhecken im Talgrund exakt auf Haufen gesetzt. Doch die Fenster der Spinnerei vor den beiden Ruinen sind zerschlagen, Glassplitter liegen umher, Holzspreißel stehen spitz und bedrohlich in den Rahmen. Auf der Rückfront des Bahnschuppens in Erfenstein steht, in deutscher Fraktur geschrieben: „Herzlich willkommen!" und, mit Pfeil zu einem verschlossenen Tor gerichtet: „Folterkammer."

Zu Füßen der Ruine Breitenstein, deren Zinne hinter übereinandergetürmten Buchenwipfeln aufragt, liegen die Hydrokulturen und Foliengartenteiche der Firma L. Harster hinter Thujas versteckt. Seerosenblätter schwimmen auf verschilften Weihern, Entengrütze deckt ein ausbetoniertes Feuchtbeet. Über den Wassern schwebt Monets Nymphenzauber, für einen Augenblick wähnen wir uns ins vergangene Jahrhundert versetzt, es ist, als wehe ein Hauch impressionistischer Farbräusche aus pfälzischer Wasserpflanzenkultur, doch dann denken wir an Cattenom und das Wort „exponentiell" fällt uns ein. Gefahr ist im Verzug, ein rotes Schild warnt vor dem Hunde.

Auf dem Weg nach Harzofen liegt „Sonjas Bräunungsstudio". Es wird warm. Obwohl es schon gegen Mittag geht, ist noch kein Sonnenstrahl ins Tal gedrungen, doch ein lauer Luftschwall weht von der Höhe herab und streicht über die Dächer von Appenthal. Aus den Häusern hervor ragt der dachlose Turm der alten Kirche, das gotische Maßwerk ist verrottet, Moos wächst auf den Mauerstützen, der Stein ist schwarz verraucht. Im Bahnhof von Elmstein, neben der Gaststätte „Zum Lokschuppen", steht das Kuckucksbähnel von 1909. Die Lok Nr. 064 006 der Baureihe 64 von Henschel aus Kassel entwickelt immer noch einen Kesseldruck von 14 kg/cm^2 und eine Leistung von 960 PS, die Waggons sind grün und blau gestrichen, die Kuckucksschänke bietet täglich Kaffee und Kuchen, pfälzische Vesper und Spezialitäten für Tagungen und Familienfeiern.

In Elmstein gebe es ein gutes Wirtshaus, schrieb August Becker, wenn man übernachten wolle, habe man abends an den Forstleuten beim Bier angenehme, gebildete Gesellschafter, ja hier, in den frischen grünen Wäldern, falle einem das Lied „Ein Jäger aus Kurpfalz" ein und es dränge einen so recht nach einer fröhlichen Hatz auf das Wild. Noch ist nicht Mittag, doch regt sich der Appetit nach Apfel, Nuß und Mandelkern. Elmstein empfängt uns freundlich. Die Madonna in der Glasvitrine des katholischen Kirchleins breitet die segnenden Arme über die Eingangspforte, im Kirchenraum steht ihre Zwillingsschwester mit dem Christusknaben im Arm und dem Zepter in der Hand. Die Beichtstühle sehen aus wie Telefonkabinen der fünfziger Jahre in Hotelfoyers, und das Dach auf dem Turm ist eine Schlafmütze. Überall wohnen Menschen, in Elmstein wird sogar Minigolf gespielt. Die protestantische Kirche im neubyzantisch-bayrischen Baukastenstil ist allerdings geschlossen. Aus dem Schornstein flattert Rauch auf, die Uhr im schiefergedeckten Turm, die

neue Blattgoldziffern erhalten hat, zeigt Viertel vor
zwölf.

Wo die Straße nach Waldleiningen abzweigt, lag
einst die Alte Schmelze, doch die Erzhütte aus dem
17. Jahrhundert ist längst zu Schutt geworden, sie ist
zum Waldparkplatz eingeebnet, von dem aus die
Wander- und Waldlehrpfade nach den vier Him-
melsrichtungen abzweigen: gelbe Pfeile, rote Ziffern,
blaue, grüne, schwarze Streifen und Doppelstreifen
an den Baumstämmen kennzeichnen die Wege, auf
denen fröhliche Wanderer in roten Mützen dahinzie-
hen wie Reisegesellen auf Ludwig Richters Bieder-
meierbildern. Als letzter Rest der Schmelze liegt ein
gemeißelter Steinblock hinter der Buchenhecke.
Moos deckt die Kannelierungen, Flechten flecken
die Wappenfelder. An schmaler Haarnadelkurve,
steil über dem Legelbach, unter geschupptem Fels-
dach, hat Heinrich Hawick in den zwanziger Jahren
Gunther, Hagen und Giselher in den Sandstein gehauen.

Frankeneck, Frankenstein, Frankenweide: wie
kommen aber die Nibelungenkönige und ihr Vasall
in den Pfälzer Wald? Saß hier an den Abhängen der
Wasigenfirst Walther von Aquitanien mit Hilde-
gunde, seiner Braut, und trotzte den lüsternen Für-
sten aus Worms? Oder waren die Recken nur zum
Jagen gekommen, denn: „Weiträumig ist und groß
dieser Wald; Verstecke des Wildes/ hat er in Menge,
vom Hundegebell und Hörnern ertönend" heißt es
im Waltharilied. Da stehen die Helden: Gunther
trägt die Haube, Giselher zeigt seine Locken, Hagen,
eben dem Urmenschenstadium entwachsen, ist

nackt, das breite Schwert verdeckt sein Geschlecht nur halb.

Es ist Mittag, Pans Stunde auf dem Peloponnes, aber auch auf der Mückenwiese im Pfälzer Wald. Aus dem schmalen Schornstein des Sägewerks steigt giftblauer Qualm auf, er streicht über die aufgestapelten Fichtenbretter und zerfließt im Nebel. Auf der Wiese schnattern Gänse; sie schlagen mit den Flügeln, sie brüsten sich, sie wissen nicht, daß sie sich zu Martini in die Pfanne trollen müssen. In Speyerbrunn, hinter brusthohem Jägerzaun im Hof eines Hauses, kommt der Speyerbach aus gemauertem Quellenhaus hervor. Zwei Forellen tummeln sich im Wasser, blitzschnell wenden sie auf der Stelle, flitzen ins Dunkel, kehren nicht wieder zurück. Im Floßwoog auf der anderen Straßenseite stehen Hunderte von Fischen vor dem Einfluß der Quelle ins Schleusentor. Zwei Enten fliegen herbei, landen im Wasser, und es kräuselt sich die spiegelblanke Glätte wie glänzendes Wellpapier.

Immer noch steigt die Straße an, doch der Fels tritt mehr und mehr in den Hintergrund. Eben noch hingen Nebelfetzen in den Zweigen der Bäume und ließen die Landschaft gar nicht spanisch erscheinen, nun aber, vom Auge der Sonne getroffen, schmilzt die Dunstgardine zusammen, und über Johanniskreuz wölbt sich der blaueste Himmel. Die heruntergespülte Nebelnässe poliert den Stein der Wasigenfirst, er glitzert wie ein Edelmetall, wie die Rüstung der Nibelungen auf einem Bild von Schnorr von Carolsfeld. In den Gasthäusern von Johanniskreuz ist Wildwoche. Wir kehren ein und laben uns an der ungesättigten Omega-3-Fettsäure eines panierten

Hasenrückens. Auf dem Dach des Nachbarhauses sitzt die Turteltaube. „Zicküth, zicküth!" ruft sie, und wir wissen genau, wenn wir jetzt aufstehen und ihr nachfolgen würden ins dichte Gestrüpp, dann erginge es uns wie Jorinde und Joringel im großen, dicken, deutschen Märchenwald.

11. November

Landgericht, Saal 210, vormittags. „Die Neugierde ist nur Eitelkeit", schreibt Pascal, „meistens will man nur etwas erfahren, um davon zu sprechen. Man würde nicht über das Meer fahren, allein aus der Freude am Sehen, ohne Hoffnung, jemals etwas davon mitteilen zu dürfen." Die Mainzer brauchen nicht übers Meer zu fahren, und ich auch nicht. Im Lennebergwald mit seiner subtropischen Pflanzenwelt, nur wenige Autominuten von der Stadt entfernt, hatte üppig die „Orchidee der Lust" geblüht, und das beschäftigt nun die 4. Große Strafkammer des Mainzer Landgerichts: dirigistische Zuhälterei, geförderte Prostitution, Menschenhandel, Waffenschmuggel, Drogendelikte. Die „Orchidee der Lust", wie die Boulevardpresse sie gefeiert hatte, wollte ich auch gern sehen, und ich sah sie auch.

„Nicht hier, da hinten!" sagt der Gerichtsdiener zu mir. Er schaut noch einmal im Aschenbecher nach, schließt die vordere Tür des Saales, schaut die beiden Fernsehreporter an, als hätten sie mit ihren Geräten geheiligtes Terrain okkupiert, steckt sich eine Zigarette an und verläßt den Flur. Schon warten elf Neugierige vor der hinteren Tür, eine Sechzigerin,

Sautanz, Altes Zeughaus

weiß onduliert, tritt hinzu, sie hat schon Schweiß auf der Oberlippe, lockert den Schal und fragt: „Filmen die jetzt schon? O Gott, wir kommen ins Verbrecheralbum." Ein Gerichtstermin ist ein Ereignis für Kenner. Der Laie fällt auf; er bewegt sich falsch, fragt falsch, antwortet falsch. „Da mußte jedesmal da sein", sagt einer zu mir, „sonst kriegste nix mit." Und ein anderer fügt hinzu: „Früher stand immer an der Tür, um was es ging. Jetzt mußte rate."

Junge Leute kommen die Treppe herauf, schick gekleidet, auffällig frisiert. Scheinwerfer blenden auf, Kameras rauschen, in die Zuschauer ist ein sanfter Schreck gefahren: die ondulierten Damen verbergen ihre Gesichter hinter der Handtasche, die gescheitelten Herren klappen ihre Mantelkragen hoch. Sie kennen die Szenerie, sie wissen Bescheid. „Des is die Marion!" sagt der eine, „un des is die Christina", sagt der andere. Nun drängt alles in den Saal, und im Nu ist die Verhandlung eröffnet. Der Richter rafft seine Robe zusammen, setzt sein Barett ab und schlägt die Akte auf.

Was ist dirigistische Zuhälterei? Vor mir auf der Anklagebank sitzen Bodo, Jenny und Gudrun, die Domina des schwarzen Studios vom „Rotkäppchen"-Wald. Haben sie dirigistische Zuhälterei betrieben, mit Drogen, mit Waffen, mit Menschen gehandelt? Marion, ein Lustmädchen aus dem Lennebergwald, ist als Zeugin geladen; sie sitzt im Zeugenstand, in brennendbrauner Lederjacke, mit langwallendem Blondhaar. Der Richter fragt, der Richter bohrt, der Richter nervt. Marion hat im Studio gearbeitet. „O weh!" ruft eine Zuschauerin leise auf, „o weh, o weh!" Wie hoch war das Honorar für Bodo?

Wie hoch war das Trinkgeld für sie? Marion kann sich nicht erinnern; darüber ist der Richter böse geworden. Marion ist verstockt, Leute lachen, mir friert der Schweiß auf der Stirn. Klotho, Lachesis, Atropos im Relief über dem Richterstuhl spinnen am Faden der Gerechtigkeit.

Christina erscheint im Zeugenstuhl. „Was sind Sie von Beruf?" fragt der Richter. „Sozialhilfeempfängerin", antwortet Christina. „Das ist kein Beruf", sagt der Richter, „das ist *noch* kein Beruf." Ein Engel fliegt durch den Saal 210: es wird über die Rechtsauffassung eines Verlöbnisses gestritten, denn Christina ist mit einem Herrn verlobt, der eben erst geschieden wurde. Christina war im „Rotkäppchen" stark beschäftigt: war sie etwa überbeschäftigt? Der Richter bohrt wieder. Hatte Christina Handlungsvollmacht? Kannte Christina die Abhöranlage? Wußte Christina um den Menschenhandel? Bitte, Christina möchte doch einmal die Rituale des „Rotkäppchens" schildern. Christina erzählt, doch sie verwechselt einiges, sie irrt sich, sie ist verwirrt. Gibt es vielleicht jemanden in Wiesbaden oder in Frankfurt, dem es nicht recht sein kann, wenn Christina zu viel erzählt? „Aha!" sagt der Richter und trumpft mit der Metapher vom Wolf im Schafspelz auf. Er sagt: „Mir kommt es so vor, als würden im Hintergrund Fäden gesponnen", und tatsächlich, die drei Parzen im künstlerischen Relief spinnen ihre Fäden mit unbewegter Miene. „Nein, nein", sagt Christina, im „Rotkäppchen" habe es keine Verpflichtung gegeben, Trinkgelder abzuliefern. Der Richter ist wieder böse geworden, er droht mit Vereidigung, droht mit Strafe, droht mit Einsperrung. Also: gab's einen

Hotelservice? Wie funktionierte dieser Service? Hat Sylvia im Hotelservice mitgearbeitet? Die Parzen schlingen ihre Fäden, Christina verwickelt sich in Widersprüche. Als der Richter eine Pause anordnet, darf Christina den Saal nicht mehr verlassen.

Nach der Verhandlungspause wird Christina wieder in die Zange genommen. Arme, arme Christina! Kennt sie den Neger Jim? Kennt sie die Lisa aus Thailand? Kennt sie die Lucie aus Paraguay? Christina erinnert sich nicht mehr, nein, sie erinnert sich beim besten Willen nicht mehr an ihre Aussage von 1986. Und wie war das Verhältnis von Gudrun zu Gina? Gab's da mal Streit? „Streit gibt's doch überall", sagt Christina; doch Gina stand auf Peitschenhiebe, das läßt der Richter nicht unbesprochen, und Christina verstrickt sich immer tiefer in die kunstvoll gesponnenen Fäden. Dann plötzlich ist ein Revolver im Spiel, ein Messer, ein Totschläger. Was nun?

Gabriela ist geladen; sie war erst in Miami, dann war sie krank. Die gleichen Fragen, die gleichen Erinnerungsverluste. Doch wie war das mit den Kondomen? Und wie war das mit den Abrechnungen? O Gott, ja: wie war das mit den Abrechnungen? Der Richter ordnet wieder eine Pause an, die Zuschauer packen Butterbrote und Thermosflaschen aus, eine Dame stellt eine Coladose vor sich auf die Konsole, ein Herr labt sich an Leibniz-Keksen. Er beißt kräftig ab, kaut mit vollen Backen, schluckt geräuschvoll. Ihm ist die Spitzbübischkeit ins Gesicht geschnitten; er sagt: „Denen allen ist die Spitzbübischkeit ins Gesicht geschnitten." Der Angeklagte raucht eine Zigarette, er steht gegen den Richtertisch gelehnt, plaudert mit dem Polizisten und der Stenografin, sie lachen. Sie amüsieren sich über den dikken Aktenstoß, der auf dem Tisch liegt; alle Akten sind feinsinnigerweise in rosa Schnellhefter eingemappt.

Claudia ist an der Reihe. „Rotkäppchen?" sagt sie, „kenn ich nicht." Der Richter fragt den angeklagten Bordellbesitzer: „Kennen Sie dieses Mädchen?" Bodo schaut sich die Zeugin an, er sagt: „Tja, bei so viel Personal."

Wie geht's weiter? Der Kriminalbeamte, der die Verhaftungen vorgenommen hatte, wird befragt, doch die Identität kann nicht festgestellt werden. „Tut mir leid", sagt er. Bodo lacht, Gudrun putzt sich die Nase. Nun wird Petra Maria in den Zeugenstand gerufen, sie ist erst zwanzig, sie war 17, als sie im „Rotkäppchen" arbeitete, oder war sie 16? Sie hatte vorher schon in ihrem Gewerbe gearbeitet, doch ihre Erinnerung ist ihr gänzlich abhanden gekommen. Sie weiß gar nichts mehr, „nein", sagt sie, „ich habe alles vergessen."

So nimmt sich die Richterin sie vor, doch sie vertut sich in den Akten, bittet um Verzeihung, hakt dann aber mit besonderer Schärfe nach. Ein Streit entsteht zwischen Richter, Verteidiger und Staatsanwalt. Es knistert im Saal. Der Richter schlägt auf den Tisch, daß der Putz hinter den Parzen abblättert.

Der Staatsanwalt will Petra ihre frühere Aussage vorhalten, der Verteidiger widerspricht vehement, die Kammer zieht sich zurück. „Petra, Petra", sagt ein Mann, der hinter mir sitzt, „wenn der Richter jetzt den Antrag des Verteidigers abweist, dann sieht's bös um dich aus." Der Antrag ist abgewiesen, Petra kommt in die Zange, sie bricht zusammen, sie gesteht ihr „Rotkäppchen"-Alter. Es werden weitere Mädchen aufgerufen, keine ist gekommen. Der Richter persifliert die ärztlichen Atteste, zieht die medizinischen Formulierungen ins Lächerliche, „Begriffschinesisch", sagt er und wendet sein eigenes Begriffschinesisch an.

Astrid ist da. Sie ist scheu. Ins „Rotkäppchen" wäre sie nur gekommen, weil sie so neugierig sei. Ein Herr habe dort die Aquarienfische versorgt, und den habe sie gekannt. Ja, der habe sie im Fischladen angesprochen, und da sie die Fische sehen wollte, sei sie ins „Rotkäppchen" gegangen. Ob der Richter etwas gegen Fische hätte? „Nur gegen die großen", sagt der Richter und setzt wieder den Hebel an. Astrid bricht in Tränen aus. Sie ist damals verhaftet worden, weil eine Waffe bei ihr gefunden worden war. Die hätte ihr der Fischfreund nur geliehen, um sich damit gegen einen Türken aus der Frankfurter Szene wehren zu können.

Und wie war es damals auf Bodos Geburtstagsfete? Empfand Astrid das Defilee der Mädchen an Bodo vorbei nicht demütigend? Demütigend? Das Wort habe ein Polizist bei der Vernehmung dazuerfunden, sagt sie, sechs Stunden sei sie verhört worden, nachdem die Pistole gefunden worden war. Und was überhaupt die Pistole mit dem Wort „demütigend" zu tun habe, sie begreife überhaupt nichts. Der Verteidiger hakt nach; er will die Methoden der Kriminalpolizei ergründen. Sie sei erst weichgekocht worden, sagt der Anwalt, und dann erst sei sie im Fall „Rotkäppchen" verhört worden, so gehe es bei der Kriminalpolizei zu. „Jetzt reicht's mir aber!" ruft der Richter, und der Staatsanwalt eröffnet der Verteidigung, zwischen „Rotkäppchen" und der Waffe habe ein Zusammenhang bestanden. Dirigistische Zuhälterei.

Die Gunst der Stunde, die Gnade des Terminplans beschert dem Richter die schöne Brigitte. Brigitte ist aussagewillig; sie plaudert, sie hält ein Schwätzchen mit dem Richter. Und der ist zufrieden, er nickt, er atmet auf. Nun kommt auch die Sonne heraus, das Gold im Parzenrelief und in den Sternkreiszeichen über dem Richtertisch glänzt auf, es glitzert das Mosaik, der schöne Schein breitet sich über Gerechte und Ungerechte. Ich packe Jacke, Schal und Mütze unter den Arm und zwänge mich aus der Sitzreihe heraus. „Sie wollen schon gehen?" fragt der Mann hinter mir, „das ist ein Fehler. Wennste da nit dabeibleibst, haste am Ende alles verpaßt." Ich schleiche auf Zehenspitzen aus dem Saal, vorbei an den Zeuginnen, die noch auf ihren Auftritt warten. Dicker Zigarettendunst steht im Flur, den eine Handvoll hünenhafter Männer nach der Treppe hin versperrt.

12. November

Ich schlage die Zeitung auf. Ich lese: „Kaum war das Filmteam verschwunden, platzte am Nachmittag die Bombe. ‚Menschenhandel und Mord in Bolivien' lautete der Vorwurf der Staatsanwaltschaft gegen ein Wormser Ehepaar, das als Zeuge gehört werden sollte, weil es das Mädchen Lucie aus Paraguay gegen ihren Willen in das Bordell im Lennebergwald zum ‚Anschaffen' gebracht haben soll."

Lucie, arme Lucie! Und was ist mit Christina? Hat sie nun Lucie aus Paraguay gekannt? Hatte sie ihre Hand im Spiel, als Lucie zur Prostituierten ausgebildet wurde? Wie sagte der freundliche Herr? Dabeisein ist alles!

15. November

Es gibt Leute, die tragen nur Hemden von BOSS. Es gibt Leute, die essen nur Hechtklöße aus dem Lyonnais. Es gibt Leute, die hören, wenn sie sich der Kirchenmusik hingeben, nur gregorianischen Gesang. Im höchsten Maße eigentümlich ist die Kiedricher Gregorianik. Sie ist so eigen- und urtümlich in ihrem langgezogenen Singsang, daß Scharen von frommen und neugierigen Musikfreunden in die Kiedricher Kirche strömen, die schon eine Viertelstunde vor Beginn der Messe vollbesetzt ist. Während der Küster die Kerzen anzündet und der Ministrant das Kruzifix von der Wand nimmt, geht das Geläut der Glocke über das Dorf. Da sich Hauptportal und Seitentür im Wechsel öffnen und schließen, dringt das Läuten mal durch die eine, mal durch die andere Türöffnung herein: es klingt, als töne die wandelnde Glocke aus dem Gedicht, die dem säumigen Kind hinterhereilt, um es zur einen oder anderen Tür in die Kirche hineinzutreiben. Noch bevor der erste gregorianische Ton erklingt, quäkt ein Kind in einer der hinteren Reihen, und noch in seinen letzten Quäkton hinein rauscht die weißgewandete Prozession des Chors über die Fliesen. Bald duftet es nach Weihrauch in der Nase, bald schmeckt es nach Spe-

kulatius auf der Zunge, bald ist der Kirchenraum erfüllt vom wohlmodelierten Gesang der Kinderstim-
men, denen baritonaler Männergesang antwortet.
Der Priester singt, das Kirchenvolk singt, der Vor-
sänger singt, was sonst gesprochen wird. Singt er
gut? Singt er schön? Singt er nicht vielmehr falsch?
Es klingt, als treffe er hin und wieder den Ton nicht
haargenau, den es zu treffen gilt. Doch das ist wohl
das Eigentümliche der Kiedricher Gregorianik, denn
als nun der erfahrene Sänger im Chor seine Stimme
erhebt, gibt es auch da die ungewohnten Tonsprünge
zu hören. Ein junger Mann kann kein sch singen, ein
anderer singt mit starkem Rheingauer Akzent, ein
dritter singt mit leicht gequetschter Stimme, doch
das feierliche Strömen der Töne nimmt die abson-
derlichen Eigenheiten gnädig in sich auf, transportiert sie durch die Spitzbögen des steinernen Lettners
und hüllt sie in den Klangleib ein, der sich in die äu-
ßersten Ausbuchtungen der Fensterhöhlen drängt.

Nun tönt von der Kanzel herunter das Gleichnis
von den zehn Talenten und die Auslegung des salo-
monischen Lobs auf eine Hausfrau. Die Hausfrau
sei kein Heimchen am Herd, keine Behinderte, keine
Gebärmaschine, sagt der Pfarrer, er weist das dialek-
tische Prinzip ab, stößt das marxistische Konflikt-
denken in den tiefsten Orkus: diese Hausfrau wirt-
schafte mit ihren Talenten und käme sicherlich nicht
an den Ort, wo Heulen und Zähneknirschen ist, sagt
der Pfarrer, und dieses Heulen und Zähneklappern
klingt, von ihm gesungen, wie echtes Heulen und
Zähneklappern aus der biblischen Geschichte. Dann
singen die Chorknaben wieder, werfen ihre langen,
blonden Haare aus der Stirn und wuchern mit ihren

Pfunden und Talenten, damit kein Heulen und Zähneknirschen zu hören sei.

4. Dezember, vormittags

Hinter Bonifatius, im Eck zwischen dem „Rheingauer Weincabinet" und dem Kaufhaus „topsport" ist die Weihnachtskrippe aufgebaut. Es ist eine Gruppe von Menschen und Tieren aus Holz, alle haben die Lippen geschürzt, sie lächeln und staunen, und besonders ihre Oberlippe ist gut ausgebildet, nur nicht beim Ochsen, der in der Ecke liegt und aus Gips, vielleicht aus Kunststoff, jedenfalls von anderer Hand als die übrigen Figuren ausgeführt ist, was ihn besonders traurig aussehen läßt. Josef, mit Lockenkopf und Lockenbart, steht auf einen dicken Stock gestützt, er spielt mit seinem Spielbein und hält die Enden seines Umhangs vor der Brust zusammen. Die heiligen Könige scheinen eben erst hereingestürmt zu sein, es sind erst zwei, der Gelbe fehlt noch. Melchior ist schon im Begriff, in die Knie zu sinken, der Mohr schlägt sich an die Brust, und die beiden Hirten lächeln wie Mainzer Rangen aus der Nachbargasse. Alle schauen irgendeinen anderen an, Melchior den Engel, der Engel das Schaf, das Schaf über den Tannenschmuck hinweg die Tribüne, auf der ich stehe und das traute Bild betrachte. Alle schauen ins Ungefähre, nur nicht nach der Krippe, in der das Kind auf dicken Strohballen liegt, mit goldener Schärpe um die Lende.

Der Künstler dieser Figuren gehört zweifelsohne der realistischen Schule an. Was nämlich die Ausformung der Busen anbelangt, so hat sich der Bildhauer bei der Figur Mariens strikt an die Anatomie des Frauenkörpers gehalten. Marias Brüste, plastisch und ausgiebig modelliert, mit angedeuteter Brustwarze gar, zeugen von eben erlangter Mutterschaft. Der Engel dagegen ist androgyn: nach dem langen brünetten Haar zu urteilen, könnte er zwar ein ältliches Mädchen sein, doch die gänzlich fehlende Brust und die spitzen Knie deuten auf einen Jüngling hin, dem die goldenen Flügel wie Requisiten aus dem Theaterfundus an die Schulterknochen montiert sind.

Wo aber ist der Esel? Ja, wo ist der Esel? Kann es eine Weihnachtskrippe ohne Esel geben? Eine Mutter betrachtet die Schafe und den Ochsen in der Ecke, auch sie fragt ihren Jungen, den sie an der Hand hält: „Wo ist der Esel?" „Dort ist der Esel!" ruft der Junge, dreht sich um, weist mit dem Zeigefinger hinter sich und ruft: „Dort beim Nikolaus in der Schusterstraße, und der ist sogar lebendig."

4. Dezember, nachmittags

„Macht hoch die Tür!" klingt es über den „Brand", von gemischtem Chor gesungen. An der Fassade des Kaufhauses „Quelle", die zur Weihnachtszeit ein gewaltiger Adventskalender in Form des Dornröschenschlosses schmückt, senkt sich aus der Höhe herab in wolkenbemalter Gondel der Quellennikolaus. „Vom Himmel hoch!" spielen die Posaunen, die blaue Hand im Q von Quelle reckt sich dem Nikolaus entgegen; er entsteigt dem himmlischen Gefährt, schreitet über die Balustrade an den Buchstaben des Wortes „super 2000" vorüber, und die Menschenmenge strömt in Adventserwartung in den weitgeöffneten Supermarkt.

Es ist Glockenschlag fünf.

9. Dezember

In Weisenau hat sich eine Frauengruppe gebildet, die sich, vierzehntägig, in der Anna-Seghers-Bibliothek zum Gedankenaustausch trifft. Ich bin eingeladen, aus meinen Büchern zu lesen; ich sitze mitten unter Damen am langen Tisch, eine Tischlampe brennt zu meiner Rechten, Kerzen flackern, Glühwein duftet, Weihnachtsgebäck spreizt sich auf bunten Papptellern. Die Frauengruppe ist ein Arbeitskreis, er nennt sich, wie mir meine Nachbarin erklärt, „Die dressierte Frau". Ich lese und gestikuliere, die Frauen lauschen, sie fragen, sie forschen, sie dringen ein, sie nehmen teil. Sie kosten den Text, kosten den Glühwein, kosten die Plätzchen. Nein, der Arbeitskreis heißt nicht „Die dressierte Frau", auch ich frage nach, forsche nach, nein, nein, der Name war ein Hörfehler von mir, der Arbeitskreis heißt „Die interessierte Frau".

10. Dezember, vormittags

Das offene Portal des Eisenturms flankieren zwei Löwen. Sie sind glatzköpfig, das heißt, ihre Mähne ist auf modische Art glatt zurückgekämmt, über

Eisenturm

Nacken und Brust kunstvoll geflochten, in dekorativer Zöpfchenmanier. Die Löwen haben Pferdeärsche, tragen ihren Schweif um den Leib geschlungen und vorne, im flachen Kopf, klafft das Maul, in dem, blitzblank und lückenlos, Reiß- und Backenzähne blitzen. Die Löwen, wie es Löwen zukommt, haben Beute gemacht; der eine hält ein Lämmchen, der andere einen Drachen zwischen den Pranken. Doch der Drache ist zwergwüchsig, wie es sonst nicht Drachenart ist, und es kommen Zweifel auf an der Löwentheorie. Es treten Heimatforscher auf den Plan und erklären, die Löwen seien Greife, doch die Kunstwissenschaftler verbessern die Heimatforscher und weisen nach, daß die Greife eher an andere chimärische Berserker, an hyänenartige Raubkatzen, an leopardische Oger erinnern, und daß ihre Gattung mythologisch sei. Der brave Menschenverstand gerät ins Wanken, der plötzlich begreifen soll, daß Löwen nicht Löwen sein dürfen, weil ihnen das Haar nicht mehr natürlich um ihre Häupter weht, sondern auf gotische Weise von Göttern geflochten ist.

10. Dezember, nachmittags

Anton Maria Keim eröffnet die Ausstellung „Grimms Märchen heute", die aus einem Kunstwettbewerb hervorgegangen ist, den das Goethe-Institut Osaka zum 200. Geburtstag der Brüder Grimm veranstaltet hatte. Toni Keim nimmt alle Fäden auf, die sich ihm bieten, er knüpft auf feinsinnige Weise Knoten aneinander, häkelt mit feinen Metaphern ein buntes Patchwork aus aktuellen Flicken: Rotkäppchen aus dem Lennebergwald verbindet sich mit Rotkäppchen aus den Phantasiewäldern der Kinder, ein sanfter Hauch von Ironie zieht durch das Rathausfoyer.

„Ein starkes Stück", sagt ein Herr in Pfeffer-und-Salz-Hose, „und das erlaubt er sich vor Kindern und so kurz vor Weihnachten." Doch die Kinder sind durch den Uhrenkasten der sieben Geißlein eingetreten, schlüpfen durch den Kasten hindurch in die Ausstellungsräume und sind zauberisch verwandelt wie das kleinste Geißlein, sorgsam geborgen, unangreifbar, während die erwachsenen Wölfe in Schafspelzen umherwandeln, um sich nicht erkennen zu lassen. Es ist eine aufmerksame Gesellschaft zusammengekommen, die einer Dame aus dem Goethe-Institut lauscht, die eben sagt, der deutsche Wolf habe wohl keine so schrecklichen Reißzähne wie der japanische. Hat er wirklich nicht?

Welche Pracht der Farben! Welche Kraft der Phantasie! Aschenputtel ist die vornehme Dame, ihr Kleid ist ein Kimono. Der Prinz ist ein höflicher Japaner, er spricht mit Dornröschen, er küßt sie nicht gleich. Nachgebildet der Woge des Hokusai, die über dem kleinen Fuji zusammenschlägt, ist ein Rotkäppchenbild des dreizehnjährigen Yukihiko Taguchi aus Kawagoe: der Wolf krümmt seinen Rücken, seine Augen schielen, seine Zunge glüht, von den Lefzen tropft es auf Rotkäppchen nieder, das unter dem geöffneten Maul steht und die Hände vor die Augen hält.

Die Speicheltropfen aus dem Wolfsrachen haben sich in Hokusais Wassertropfen aus der großen Welle verwandelt. Doch die Tiere müssen Tiere bleiben. Sie sind nicht verwunschene Prinzen, die am Ende Menschengestalt annehmen dürfen, nein. Japanische Tiere müssen Bestien sein, vielleicht hat die Dame aus dem Goethe-Institut recht, dem deutschen Wolf keine so fürchterlichen Reißzähne wie dem japanischen zuzubilligen, in seinem Fell verbirgt sich immer ein feiner Prinz, ein Geschäftsmann aus Wiesbaden, ein Monsignore aus dem Vatikan, ein höherer Beamter aus Ingelheim wie bei Rotkäppchen im Lennebergwald.

29. Dezember

Mainz, auf zwei Rädern

Den Schreibstift muß ich rührn und Verben konjugieren,
wenn ich beschreiben will die vielen Dutzend Blätter.
Mainz ist mein zweites Ich, ist der mobile Vetter
aus Muskeln und Gebein, Gelenken und Scharnieren.

Es ist in dieser Stadt ein dauerndes Rotieren:
beweglich ist der Mensch, beweglich ist das Wetter,
beweglich ist das Hirn, beweglich ist die Letter,
es kann der Dünnste sich als Ranzen kostümieren.

Der Nachbar ruht sich aus in Betten und in Bädern.
Der Mainzer schwingt sich auf, er tanzt mit seinen Rädern

146

in eine beßre Welt. Das Leben ist sein Lohn.

Kaum ist der Tag dahin, erscheint die Colombine,
ist dann die Nacht vorbei, rauscht auf die Kehrmaschine
und um die Ecke biegt die nächste Bude schon.

Rudolf Häsle setzt das Sonett aus der 14 Punkt
Luther-Fraktur und druckt es auf der Gutenberg-
Presse als Geschenk für Mainz.

30. Dezember

Wer mit Büchern zu tun hat, kann es nicht verbergen. Dabei braucht jemand nicht auf dem Trepp-
chen zu stehen wie der Bücherwurm von Spitzweg,
ein Buch zwischen die Knie gepreßt, ein Buch unter
den Ellbogen geklemmt, eins in der linken, eins in
der rechten Hand, so daß jedermann sieht, worauf es
ankommt. Nein, ein Büchermensch ist kein auffälli-
ges Wesen mit einem Buch in der Hand, er weist sich
ganz anders aus. Wenn man zum Beispiel Herrn
Kaufmann auch nicht ansieht, daß er Buchkundler
ist, so ist doch jede Bewegung seiner Hand, jedes
Blitzen seines Auges eine leibliche Äußerung, die
das Buch aus ihm hervorgebracht hat. Wenn Herr
Kaufmann „Handgießgerät" sagt, dann klingt es, als
gieße seine Sprache die Legierung aus; wenn er
„Wiegendrucke" sagt, dann wiegen seine Hände un-
sichtbare Inkunabeln im Rhythmus dieser Silben.
Herr Kaufmann führt uns durch das Gutenberg-
Museum. Wir sehen die Druckpressen aus Eichen-
holz, die Druckerballen aus Hundehaut, die Maschi-

nen aus Gußstahl. Herr Kaufmann zeigt uns die Kolbenspritze und den Klischographen, „doch die Linotype-Setzmaschine", sagt er, „war das Nonplusultra". In Vitrinen liegen Messer, Stichel, Rädel, Stanzen; von Schabeklingen und Glättzähnen kommen wir zu Punktiereisen und Beschneidehobeln, doch nichts ist schöner als das gedruckte Buch. So führt uns Herr Kaufmann in den Tresorraum, in dem Gutenbergs Bibel liegt, Altes und Neues Testament. Weit stehen die Tresortore auf, Herr Kaufmann weiß, daß auch wir Buchmenschen sind, und keine Kleptomanen.

Als ich zu Anfang des Jahres ein Schlüsselbund mit Haustür- und Zimmertürschlüsseln bekam, hing auch der Tresortürschlüssel im Bund; ich bin nicht in den Tresorraum eingedrungen, habe Gutenbergs Bibel nicht angetastet, nicht gestohlen, nicht verkauft. Doch als der Hausmeister das Schlüsselbund mit dem Tressorraumschlüssel in meiner Hand sah, stellten sich ihm die Haare zu Berg. Er ist wohl kein Büchermensch wie Herr Kaufmann, der die Wiegendrucke mit arglosem Auge betrachtet und nichts Unredliches im Sinn hat mit Stahlstichen und Lithographien. Herr Kaufmann führt uns treppauf bis unters Dach, er geleitet uns wieder treppab in den Kellerraum, um uns noch einmal das große Ganze fühlen zu lassen. Immer noch stehen die Tresortüren sperrangelweit offen. „Es gibt nur een Manko", sagt er, „die Maschinen müßten laufen."

31. Dezember

Er beginnt als diesiger Tag, dieser letzte des Jahres. In den Rheingaustädtchen ist alle Welt auf den Beinen, Sylvesterente, Sylvesterpunsch, Sylvesterkracher zu besorgen. Der Geisenheimer Dom ist geschlossen, auf dem roten Sandstein glänzt Nebelnässe. Die Äste der alten Linde ruhen schwer auf einem klassizistischen Pfeilerbau, der sich um den sechshundertjährigen Stamm windet wie ein zweig- und blattloser stählerner Hain. Alles um diese Linde ist Linde, trägt die Linde in ihrem Namen, die Lindenapotheke und die Lindendrogerie, auch das Hotel zur Linde am Lindenplatz.

Hinter dem Mäuseturm drängt sich das Gewölk dicht im Binger Loch. Doch schon vor der Pfalz von Kaub reißt die Nebelfahne entzwei, und wie ein dicker Dampfer der preußischen Flotte glänzt die Pfalz in der Strommitte. Blücher, mit Grünspan überzogen, die Feldherrnmütze tief in die Stirn gedrückt, steht auf hohem Sockel, dem Fluß zugekehrt. Er schaut nach rechts, er zeigt nach links, bauernschlau demonstriert er strategische List. Jetzt ist die Sonne ganz da, Burg Katz und Burg Maus blinzeln sich zu im hellen Mittagslicht.

Am Loreleyfelsen haben die Haselsträucher ausgeschlagen. Unterhalb des Felsens, an der Spitze der Hafenmole von St. Goarshausen, Brücke 2, sitzt Loreley in Bronze auf massigen Granitblöcken, sie hat ihr rechtes Bein angezogen, auf dem Knie liegt ihre schmale Hand, das lange wallende Haar hängt ihr über die prallen, spitzen Brüste, die so prall und so spitz sind, daß man die Figur für das Werk eines Se-

149

Binger Mäuseturm

xisten halten müßte, wenn sie nicht von einer Frau stammen würde, Natascha Jusopov.

Hinter Loreleys Rücken weht eine Flagge am Mast, es ist die Fahne rot-gelb-blau, die Mainzer Fastnachtsfarben, durcheinandergewirbelt, auf den Kopf gestellt.

III
Nur Narr, nur Dichter
Tagebuch nach dem Festkalender
1988

1. Januar 1988

Die Kampagne ist eröffnet, der Feldzug beginnt. In Mainz marschieren wieder die Garden. Hätte mein Vater hier an der Straße gestanden und diesen Zug sich vorüberwälzen gesehen, er wäre ins Schwärmen geraten wie vor fünfzig Jahren, als der Festzug der Schützen durch unser Dorf marschierte und er bewundernd ausrief: „Nur Uniformierte und Kostümierte, kein einziger Zivilist!"

Ja, gibt es denn etwas Lachhafteres als das Uniformierte? Und fragten sich das die Mainzer nicht schon vor hundertfünfzig Jahren, als ihre närrische Garde zum erstenmal ausrückte gegen Mucker und Spießer, gegen den militärischen Pomp der Restauration, voran Fähnrich Rummelbuff in der Uniform der Füsiliere des Kurfürsten Friedrich Carl Josef von Erthal? Da gab es Feldlager und Tagesbefehle, als ob es mit Jux und Narretei wahrhaftig ins Feld gehe, und so soll es geblieben sein bis heute? So scheint es, denn unverdrossen weht die Fahne in den Farben der Trikolore blau-weiß-rot, doch unterstzuoberst angeordnet, und das Spottgeld ist immer dabei.

Närrischer Kampf gegen Mucker und Spießer, Feldlager, Tagesbefehle; noch vor dreißig Jahren hieß es in einer Anordnung: „Der Nahkampf gegen Alkoholica ist eifrig zu üben, um im Ernstfall eine restlose Vernichtung des Feindes zu garantieren." Ist es so geblieben? Ranzengarde, Kleppergarde, Prinzengarde: die uniformierte Streitmacht ist ausgerückt, das kostümierte Kriegsvolk ist unterwegs, es dröhnen die Trommeln, es schmettern die Trompeten, es krachen die Stiefelsohlen auf das Mainzer

155

Pflaster. Auf dem 50. Breitengrad residiert für eine Stunde das Prinzenpaar und nimmt die Parade der Garden ab. Ja, Prinz und Prinzessin stehen genau auf dem Messingband, das quer in den Bürgersteig eingelassen ist: hier, unter dem beharrlichen Bronzeblick Gutenbergs, auf dem Wendekreis der Perversionen, erfüllt sich die Prunksucht im Defilee der Uniformen und Kostüme. „Gehn Se mol weg mit ihrn dicke Kopp, damit ich ins Bild komm", sagt ein majestätisch postierter, ein prächtig gekleideter Potentat zu mir, und erhobenen Hauptes präsentiert er sich dem Objektiv der elektronischen Kamera. Er ist in eine rote Robe gekleidet, Samt oder Plüsch oder sonst ein Flausch umhüllt seine Figur, und er hat ja recht. Was stehe ich ihm im Weg, ich armer Zivilist, wenn er seines Amtes waltet und so hoheitsvoll kostümiert den Mainzer Breitengrad tritt? Ist es ein Satrap, ein Paladin des Prinzen? Oder ist es der Prinzenvater selbst, der schon bei der Generalprobe der Prinzenkür seinen Ärger nicht verhehlen konnte, weil die Fahne der Garde in den Hintergrund geraten war und man vom Stadtmarschall noch nicht einmal den Hut zu sehen bekommen hatte? Ist es der Dünkel, ist es die Hoffahrt, ist es ein snobistisches Aufgeblasensein, das ihm die Nasenflügel bläht?

Ich trete zur Seite. Wohin soll ich mich wenden? Ich stehe im Regen. Ein Gaul aus Holz und Blech zieht vorbei, hoch wie ein Lastkraftwagen, aus einem Loch im Bauch fließt Wasser und klatscht auf die Straße, aus einem Loch im Hintern stiebt Konfetti und erfüllt die Luft mit lauter bunten Schnitzeln aus Papier. Über Mütze und Mantel ergießt sich der

Fastnachtsbrunnen

Schauer; ich stehe da, umhüllt von buntem Gewölk
und muß sehen, wie ich das zerstückelte Papier zu-
sammenfüge zu einer sinnvollen Fastnachtsge-
schichte.

2. Januar

Lebt die Mainzer Fastnacht oder ist sie in Bronze er-
starrt? Im Fastnachtsbrunnen von Blasius Spreng
tummelt sich ein ganzes Universum von Figuren und
Symbolen der Fastnacht. Jedes steht an seinem Platz
und rührt sich nicht. Der Narr trägt den Narrenhim-
mel, der diese Narrenwelt überwölbt. Nur wenn das
Wasser rinnt, treten die Figuren in Beziehung zuein-
ander: der Mond, der den Narren heimleuchtet, der
Narr, der den Mond hochhält, der Narr mit der Baß-
geige, der Narr mit dem Dreispitz, Fisch und Mainzer Rad.

Das Wasser rinnt, Tränen tropfen dem Harlekin
aus den Augen. Doch sie werden getrocknet sein,
wenn er in die Trompete stößt und Colombine den
Triangel schlägt. Dann treten die Narren zum Tanzen zusammen, und Frau Klöver dirigiert das Ballett.

6. Januar

In der Gymnastikhalle von Budenheim probt das
Ballett des Mainzer Carneval-Vereins. Die Mädchen
laufen und springen, wie Frau Klöver es befiehlt, liegen auf dem Rücken, liegen auf dem Bauch, spreizen die Beine, spreizen die Arme; doch die Tanzleh-

rerin läuft und springt und spreizt mit und komman-
diert obendrein den Takt. „Eins und zwei!" ruft sie,
„auf und ab und hopp und hopp!" und als nun aus
dem Kassettenrecorder das Medley aus alten Tanz-
melodien erklingt, formiert sich die Mädchenriege
zu anmutigen Konstellationen, die Beine fliegen, die
Beine wirbeln, die Beine stehen einen Augenblick
lang schräg in der Luft. „Adieu, du kleiner Gardeoffizier!" tönt es aus dem Lautsprecher, und in die
ausklingende Musik pusten und stöhnen die Mädchen in eine kleine Verschnaufpause. Aber schon
dröhnt die „Julika" aus dem Recorder, „hopp!" ruft
Frau Klöver, und die Mädchen springen wieder.
„Erst macht sie uns total verrückt, dann sagt sie
Gute Nacht."

Der Fastnachtstanz der neuen Kampagne heißt
„Folies Bergères"; ist es verwunderlich, wenn ein
paar Mädchen noch patzen? Frau Klöver schreitet
ein, „hier berührt ihr den Absatz", sagt sie, „und hier
berührt ihr die Spitze." Und nun berühren sich Absätze, wenn Absätze und berühren sich Spitzen,
wenn Spitzen an der Reihe sind, sich zu berühren.
So viel schöne Symmetrie gibt es nur, wenn der Drill
sie möglich macht. Drill und Symmetrie bedingen
den Sinn des Balletts. Die Symmetrie ist seine Mutter, der Vater ist der Drill.

7. Januar

Beim Fisch-Jackob bestelle ich einen Tisch vor zum
Abendessen.
„Wie ist Ihr Name?" fragt der Wirt.

Ich sage: „Harig."

„Ach", sagt der Wirt, „so hieß ein Läufer in den dreißiger Jahren."

„Der hieß Harbig", sage ich.

„Richtig", sagt der Wirt, „Ihnen fehlt ein B im Namen."

„Nein", sage ich, „der Harbig hatte ein B zuviel."

8. Januar

Gibt es eine Verbindung von Karneval und Kapital? Gibt es den Zusammenhang von Fassenacht und Festverzinsung? Im Kasino zu Mainz trifft sich eine geladene Gesellschaft zur Eröffnung der neuen Spielbank, und der Prinz, so heißt es, soll die erste Kugel werfen. Alle Räume sind renoviert, alle Säle geputzt, herrlich strahlen die postmodernen Leuchter, prächtig glänzt die präraffaelitische Chintztapete. Es blitzt und klingt, die „Hamburger Stadtmusikatzen" werfen Perlen der Salonmusik in den Mainzer Goldsaal. Ist es die Petersburger Schlittenfahrt oder die Berliner Bummelfahrt, ist es der Hochzeitszug in Liliput oder die Mondnacht auf der Alster? Nein, im Augenblick spielt das Damensextett „La petite Gazelle" und „Funny Cats".

Nun aber stößt der Herold seinen Stab auf das Parkett. Das Prinzenpaar tritt ein, umrauscht vom Beifall der schwarzgewandeten Vasallen. Herr Gumpp, Geschäftsführer der Spielbank, betont den Sinn des Spiels, Herr Wilhelm, Minister für Umwelt und Gesundheit, hinterfragt den Sinn des Spiels, Herr Weyel, Oberbürgermeister, beschreibt den Sinn

160

des Spiels; Beschreibung, Hinterfragung, Betonung des Sinns: auf den Kopf gestellt ist die Reihenfolge der Begründungen, die Herr Walz, der schwarze Gutenberg des MCV, in närrischen Reimen bündelt. Schwarz bleibt Schwarz, Rot bleibt Rot, daran gibt es nichts zu rütteln, nur das Grün kriegt es ab, das Grün ist die Null im Spiel, und Herr Walz meint es nicht gut mit dem Grün. Längst hat sich der Sinn der Fassenacht ins Gegenteil verkehrt: anstatt daß Herr Walz sich mit dem Schwarzen und dem Roten anlegt, steht er da und klopft mutig auf das Grüne ein. Die „Hamburger Stadtmusikatzen" kommentieren es auf ihre Weise, sie setzen ihre Instrumente an und spielen „Heinzelmännchens Wachtparade". Dazu gibt es Pfeffersalami- und Käseschnittchen, Radiccio und winzige Salzbrezelchen.

Kurz nach sieben bewegt sich der Zug nach dem Spielsaal hin, Prinzessin Dorothee greift zur Schere und zerschneidet das Band, das die Mainzer von ihrem Glück trennt. Da gibt es Bewegung im Saal, Mouvement, Animation, Emotion. „Ruhe!" ruft der Prinz, liest sein Verschen ab und wirft die erste Kugel. Unter den Bravorufen der Honoratioren dreht sich das Roulette, die Kugel fällt auf 26 noir. Der Prinz versucht es ein zweites Mal für die Fotografen, 17 noir. MCV-Präsident Henkel tritt heran, 10 noir. Die schwarzen Herren knien auf dem Podest, beugen sich über das Roulette, verrenken Arme und Nacken, so oft sie es auch probieren, nicht eine Kugel trifft auf die 11, 11 noir, die heilige Zahl der Fassenacht. Ja, was die Herren auch anstellen, die Kugel fällt in ein schwarzes Loch, immer ins falsche.

Nur Herr Gumpp, der wohl am liebsten ins Schwarze getroffen hätte, trifft ins Rote.

Ich stehe da, im gelben Pullover, ein Kanarienvogel unter lauter Raben, ich fasse den Schornsteinfeger unterm Arm und geleite ihn zur Treppe. Was ist das Glück? Es ist nachzulesen im Gewinnspiegel: ein Stück bedruckte Pappe, ein Fetzen Glanzpapier.

17. Januar

Rudi Henkel, Präsident des „Mainzer Carneval-Verein", unterscheidet zwischen Karnevalisten und profanen Gästen. Damit ist die Feststellung getroffen, das Urteil gefällt. Rudi Henkel hat unterschieden, er hat entschieden; die Profanität erweist sich als das Banale, das Zivilistische, das Undeutliche und Unbedeutende; Rudi Henkel hat recht. Was wollen die vielen Menschen ohne Narrenkappe, ohne Festzugsplakette, ohne Orden und Schärpen bei einem Geburtstags-Frühschoppen des MCV? Ist Amüsement genug, reicht Fröhlichkeit aus, das Karnevalistische an sich zu erleben, das Wesen der Fastnacht zu begreifen?

Mit „American March Highlights" stimmt die Hofkapelle zur Geburtstagsfeier ein, der Pfeifer mit der Piccoloflöte blitzt karnevalistisch mit den Augen, der Pauker an der dicken Trommel läßt karnevalistisch die Muskeln spielen, karnevalistisch reckt der Dirigent seinen Taktstock, karnevalistisch nickt er mit dem Kopf, daß die Schellen seiner Narrenkappe klingeln. Die Rheingoldhalle, prunkend in bombastischem Glanz, ist dicht besetzt; die karneva-

162

listischen Gratulanten blähen ihre Bäuche, blähen ihre Stimmen, blähen ihre Seelen, aus denen der karnevalistische Animus auszieht, der, wie jedes Jahr, am 11.11. 11 Uhr 11 in sie eingezogen. Der Präsident begrüßt, er ruft: „Wo ist der Herr Schier?" Herr Schier ruft: „Hier!" Am Flügel sitzt Horst Franke und zelebriert seine Variationen über den Narrhalla-Marsch, ein sinfonisches Intermezzo, ein perlendes karnevalistisches Schicksalsspiel. Längst gibt es keinen Savonarola der Mainzer Fastnacht mehr, wie Werner Wucher sagt, und auf die närrische Rostra tritt Heinz Wacker, Präsident des „Bundes Deutscher Karneval". Er meint es ernst, er meint es todernst, wenn er vom Karneval spricht. Er spricht von der Dachorganisation, von der Schirmherrschaft, die Fahne ist ihm eine Erwähnung, das völkische Brauchtum einen Lobpreis wert. Schon läßt Margit Sponheimer, im blauen Glitzerkleid, wieder an das Ende denken. „Am Rosenmontag", singt sie, und wenn sie nicht so beschwörend den Abgesang intonieren würde, wäre es den profanen Gästen an der Seite der Karnevalisten leichter, an das Wunder der Verwandlung zu glauben. Denn was verbirgt die Maske, was versteckt die Larve? Was kommt hervor, wenn die Kokons platzen, die Hüllen fallen?

Noch ist Hoffest, und das Prinzenpaar hält Hof. Der Oberstadtmarschall begrüßt die Prinzessin mit Handkuß, verneigt sich vor dem Prinzen. Wie lange er diesen Zirkus schon mitmache, fragt er und gibt sich selbst die Antwort: „Sechzig Jahr." Es sei über Jahrzehnte hin seine Kunst gewesen, sich zu versprechen, sagt er, und das habe auch immer funktioniert, „wääß der Deiwel." Ja, weiß der Teufel, im Versprechen liegt karnevalistischer Reiz, verbirgt sich karnevalistischer Sinn. War all dieses Versprechen absichtlich, unabsichtlich? Oberstadtmarschall Hummel hat es taktisch eingesetzt, er ist der Stratege der Prinzessinnengarde geblieben. Die profanen Gäste quittieren es mit rauschendem Applaus, mit dreifach donnerndem Helau, während die Hofgesellschaft die Fassung behält, Haltung bewahrt. Die Hofkapelle musiziert moderat, die Hofsänger gestikulieren dezent, das Hofballett verabschiedet den Gardeoffizier in militärischer Akkuratesse.

Es ist Standhaftigkeit geboten, Ausdauer, Durchhaltevermögen. Horst Becker bestätigt die karnevalistische Unersättlichkeit, er singt: „Aaner geht noch nei."

28. Januar

Tun und Lassen, in der Welt sein mitten im närrischen Treiben: wer handelt, braucht sich um sein Bild nicht zu sorgen. Wir flanieren durch eine Porträtgalerie von Politikern, einer größer als der andere. Doch wer handelt, wer tut was? Legt Stoltenberg die Meßlatte an? Zähmt Gorbatschow den russischen Bären? Stoltenberg schmollt, er schürzt seine Lippe zur Rede. Soll daraus eine gigantische Rechtfertigung werden? Gorbatschow staunt, er zeigt sein Blutschwämmchen. Zeichnet das Mal den Neuen Kontinent nach? Alles ist hohl, hinter den Lippen droht die Leere, unter dem Muttermal gähnt ein Abgrund.

So zeigt sich uns, zweieinhalb Wochen vor Fastnacht, die politische Figurenpersiflage in der MCV-Halle in Mombach. Es wachsen die monströsen Figuren heran, Profane und Narren, hohe Tiere. Bär und Hahn gehen Arm in Arm, der eine mit Mütze, der andere mit Hut. Kohl und Honecker sind einander zugekehrt, Kohl sitzt da und hat den Arm erhoben, Honecker steht ihm gegenüber und schlägt die Trommel. Und wieder Kohl, und wieder Stoltenberg: sie beherrschen das Arsenal. Stoltenberg schiebt eine Karre, Kohl ist von Rangen umringt; bis in die Hallenmitte reicht der Tummelplatz der Kleinen, bis unter die Decke ragt der Steiß des Bären, und herum liegen Tatzen vom Lindwurm, Hände und Füße von Herkules. Wer soll der Lindwurm, wer soll der Herkules sein? Die Gonsbachlerchen schillern und glänzen, die Lerchen am Lerchenwagen sind goldene Gänsjer, ja nicht einmal Gänsjer sind sie geblieben, sie haben sich in gekrönte Mastgänse verwandelt. Am Prinzenwagen prangen die Mainzer Räder, es sind gemalte Räder, Kunsträder, feierliche Embleme aus dem Stadtwappen, rot, weiß und golden, Räder, die nicht fahren. Doch sind es überflüssige fünfte Räder am Wagen? O nein, es sind Prachtstücke, Räder, die gefahren werden, Ornamente, abgehoben vom profanen Schmutz der Straße.

Am Abend sitzen wir mit zwei Herren des „Carneval Club Weisenau" im Restaurant „Am Fischtor". Es sind Kenner der Fastnacht, Auserwählte, keine Profanen. „Sie können nicht alles sehen", sagt Herr Müller, „und wir dürfen nicht alles zeigen. Da gibt es zum Beispiel die Hausfrauensitzung, und da gibt es die Schürzenjägersitzung, das ist die wahre Fastnacht." O ja, wer hat schon den Professor im Schürz-chen, wer hat den Generaldirektor mit der Kerze in der Hand gesehen? „So etwas zeigt die Fernsehsit-zung nicht", sagt Herr Geiß, „da hört der Spaß auf."

29. Januar, vormittags

Der faule Apfel, der Halbmond, die Windmühle der Narren und die geheimnisvolle Elf auf Wappen, auf Kappen, auf Mützen, auf Orden, auf Autoscootern und Autobussen, auf Hausnummern, auf Jackenre-vers und auf der Rostra der Narrhalla. Elf ist ein ger-manisches Stammwort und bedeutet: eins drüber, nämlich eins über zehn. Die Elf sprengt die geglie-derte Gruppe der Zehnerreihe, das streng geordnete Dezimalsystem. Elf, das ist der Sprung aus der py-thagoräischen Welterklärung ins närrische Weltver-ständnis, pataphysisch gesprochen. Die Elf ist die Selbstbestätigung des Narren, die sein Recht begrün-det, aus der Reihe zu tanzen. In der Mainzer Fast-nacht prangt die Elf an allen Ecken und Enden; für Mainz ist sie Symbol. Es beginnt immer am 11. 11. 11 Uhr 11, doch ergibt nicht der 1. 1., mit dem die Kampagne begann, Ziffer für Ziffer gelesen, auch eine 11? Heute wird sie Fleisch werden im Elferrat.

29. Januar, abends

Haare glänzen, Nasen glänzen, Augen leuchten: es lebt der Saal. Sind es echte Haare, echte Nasen, echte Augen? In Gold und Silber strahlen Orden

166

und Atrappen, der Eltzer Hof prangt im Glanz der Großen Sitzung. Jetzt hat niemand mehr seine Narrenkappe in der Nylonhülle, seine Uniform im Mottenpulver verborgen: im römischen Opening agieren Legionäre und Vestalinnen, und beim Einzug der Garden hat die Stunde der Wahrheit geschlagen, nun hat der Spaß endgültig ein Ende, Frohsinn ist des Lebens Ernst, und Name ist nicht mehr Schall und Rauch. Doch der Protokoller weiß keinen Reim auf Weyel, im Märchen vom Rotkäppchen verwechselt er Fuchs und Wolf, und der Sitzungspräsident hat für einen Augenblick den Namen des Protokollers vergessen.

Wir schlagen das Liederbuch auf und singen. Doch das geschieht nicht auf x-beliebige Weise, so als könne jedermann in den kanonisierten Texten blättern, wie es ihm beliebt und mitsingen oder nicht, wie es ihm behagt. O nein, der Sitzungspräsident ruft: „Liederheft aufschlagen auf Seite 3!" und wir singen das Lied, das auf der Seite 3 beginnt. Wir singen nicht das Lied von der Biowelle und nicht „Hundertfünfzig Jahre MCV" nach der Melodie „Nun ade, du mein lieb Heimatland", nicht „Unser schönster Feiertag" nach dem Schneewalzer und auch nicht das Lied „Die Unnerhos" nach dem Gassenhauer „In einem Polenstädchen", nein, Sitzungspräsident Rainer Laub läßt das Heft aufschlagen für ein gemeinsames „Helau dem MCV" nach der Melodie „Ich schieß den Hirsch". Die Trompeten suggerieren Hörnerklang, die Posaunen beschwören die Atmosphäre hoheitlicher Jagd. „Prinz Clemens wünscht beim Defilee/ in Rot, Weiß, Gelb und Blau/ mit der Prinzessin Dorothee:/ Helau dem

MCV" singen wir; und als die Tollitäten in den Saal einziehen, fliegen huldvoll die Rosen- und Veilchensträuße ins Publikum.

Trommelwirbel erklingt, Fanfaren ertönen, wer die Veilchensträuße gefangen hat, wird geküßt werden, aber es sind nur drei Veilchensträuße geflogen. Es sind drei Mädchen, die sie erhascht haben, und so ist es der Prinz, der küßt. „Der Prinz aber nahm das Aschenputtel in seinen Arm und küßte es", heißt es im Märchen, und wer möchte in diesem Augenblick nicht Aschenputtel sein! Ein ganzer Eltzer Hof voller Aschenputtel rührt die Hände, spitzt die Lippen, schließt die Augen, Prinz Clemens aber kann nur drei Mädchen küssen, denn schon rauscht wieder ein Trommelwirbel von der Empore herab: das Hofballett tritt auf.

Ist nun der Pfiff aus der Trillerpfeife ein Hohngelächter aufs Militärische, ist die Uniform das Spottkleid, der Marschtritt die sarkastische Gardeparade? Es erklingt das Adieu dem kleinen Gardeoffizier, doch der ist immer wieder willkommen, und der Saal erwartet ein ewiges Dacapo. Prinzessin Dorothee applaudiert artig, Prinz Clemens senkt sein närrisches Zepter, er schwenkt es auf und ab und besänftigt die närrische Euphorie.

Was treibt einen Menschen an, die närrische Rostra zu betreten und eine Rede zu halten? Was befeuert jemanden, auf die Bühne zu steigen und einen Bänkelsang vorzutragen? Was treibt den Wiesbadener Prinzen, ans Mikrofon zu treten und den Mainzern das Wort zu reden? Rollie Müller, der Pfälzer Metzger, spielt mit den Worten, jongliert mit Sinn und Verstand. Die Politiker träten in seinen Laden

168

und kauften Hirn, ob sie's brauchten oder nicht, sagt er, Strauß komme auch, aber er falle im Metzgerladen nicht weiter auf, der Kanzler dagegen sei der Burger King, die politische Lage verheiße Saumagen-Time in Oggersheim, griechisches Preßwurstfest für Willy Brandt und bleifreie Lioner, durch den Katalysator gedreht, für die Grünen. Ja, und daneben stehe Heiner Geißler und sei die gekränkte Leberwurst.

Die Royal-Dudelsack-Pipers künden Margret Thatcher an, Al Capone im Nadelstreifjackett zieht seinen grauen Panamahut, die Beatles kriechen in die Mikrofone: ein vehementes Revuestück der Finther Schoppesänger geht über die Bühne. Präsident Rudi Henkel sitzt in der Mitte des Komitees, er hat den Kopf in die Hand gestützt, er ist nachdenklich geworden. Sinnt er dem Schwinden der Zeit, trauert er dem Schwinden des Sinnes nach? Bedächtig zündet er sich eine Zigarre an, hält sie sich vor die Augen, mustert das Deckblatt, beobachtet die Glut. An der Haltung einer Zigarre erkennt man den Mann. Doch als nun Tina Turner auf die Bühne rauscht, fällt ihm die Asche auf den Tisch. Rudi Henkel schließt die Augen, streicht sich durchs Haar. Er ist der Philosoph auf dem närrischen Sessel, er wischt die Asche vom Tischtuch, tut einen tiefen Zug und schaut ahnungsvoll zur Empore auf. Heini Stadler stößt den Taktstock zur Kapelle hin, Pausenmarsch: „Das ist das Fest aller Feste". Ja, Rudi Henkel ist ein philosophischer Kopf. „Schon lang im Geschäft", sagt er zu mir, streckt seine Knochen, reckt seine Glieder dem zweiten Teil der Sitzung entgegen.

Augustinerkirche, aus der Badergasse

13. Februar

So wie der beliebte Büttenredner von „jungen Alten" und „alten Jungen" erzählt, so kann getrost von „kindlichen Kindern" und „erwachsenen Kindern" gesprochen werden: Kinder als Kinder, die springen und spielen, und Kinder als kleine Erwachsene, per Marschbefehl in Gang gesetzt.

Da kommen sie auch schon an, diese braven Gardekinder, und sprechen dem Militärischen, dem sie gehorchen, nicht Hohn. Eingekleidet in ihre schmucke Uniform, blitzend das Leder, glänzend das Metall, marschieren sie auf; werden sie eines Tages wissen, daß sie dem spotten sollen, was heute ihre Augen so freudig glänzen läßt? Wird ihnen gesagt werden, daß Mainzer Fastnacht nicht nur eine närrische Gaudi, sondern eine uniformierte, kostümierte, verkleidete Persiflage auf alles Uniformierte, Kostümierte, Verkleidete ist? Ganze Mainzer Gardegenerationen sind nun schon ausgezogen, dem Kleiderzwang zu spotten, und der Zweispitz ist vom Großvater auf den Vater, vom Vater auf den Sohn weitervererbt worden zur absichtlich falschen Verwendung.

Pünktlich nach Zugprogramm biegt die Kolonne in die Schillerstraße ein, eskortiert von grünen Doppelposten der Polizei. Gibt es so viele Kinder in Mainz, oder schließt sich die Spitze des Zuges, sobald sie hinter dem Bogen der Ludwigstraße verschwunden ist, immer wieder dem Ende an, neu formiert, neu kostümiert? Es sind nun nicht mehr Gardekinder, es sind Kohorten von Schulklassen, die vorüberziehen, als Äpfel und Birnen, als Kirschen

171

und Zwetschen, als Weintrauben und Mandarinen verkleidet, matschige Birnen und faule Äpfel, braune Nüsse, violette Brombeeren, und der Schuldirektor als dicker Boskop: ein gigantischer Mainzer Obst- und Gemüsegarten.

Dann aber rücken wieder die Garden an, und es wird ernst: Burggrafengarde, Kleppergarde, Prinzengarde. Die Jungen und Mädchen betreiben ihr paramilitärisches Narrengeschäft würdevoll und konzentriert; ob sie nicht doch Trommeln und Pfeifen und die amerikanischen Majorettenstöckchen allzu schulmäßig handhaben? Ist ein Mainzer Gardeumzug eine preußische Wachtparade, ein New Yorker Steubendefilee? Nein, in die Heerschau der Einheimischen platzt das Intermezzo der italienischen, der jugoslawischen, der türkischen Mainzer wie die närrische Pointe auf eine einstudierte Truppenschau. Im Lauf der Holzgewehre stecken Blumensträuße; nur die Sträuße, nicht die Gewehre sind verwendbar. Dann, nach letzten Kadettencorps und Narrenzünften, schwenkt die Pfadfinderinnenschaft St. Ursula heran; doch es scheppert und kleppert, denn kleine Teufel ziehen Blechdosen hinter sich her und schrekken die Mädchen von St. Ursula. Schwarze Schafe mit ihrem Leithammel, graue Mäuse mit ihrer Urmaus marschieren auf; dem Vegetalischen ist das Animalische gefolgt. Und wiederauferstanden aus den Sümpfen von Ginsheim sind die Mainzer Moskitos; sie haben jetzt Menschengestalt angenommen und schwirren ungestört vor den Augen der Honoratioren.

Vor der Tribüne der Tollitäten haben die Landsknechtstrommler der Prinzessinnengarde Aufstellung genommen: sie trommeln, bis ihnen der Schweiß von der Stirne rinnt, sie trommeln, als gehe es ums ewige Leben. Da steht der Oberstadtmarschall von Mainz, Generalfeldmarschall und scheidender General der Mainzer Prinzengarde, Graf Diether von Hummel-Sekt, und da steht sein Nachfolger, der es ihm gleich nachtut. Graf Diether sagt: „So, jetzt geht's los!" und sein Amtsnachfolger antwortet: „Jetzt geht's los!" Die Marschälle vereidigen die Rekruten. Der alte Marschall souffliert, der neue Marschall spricht nach. Doch Graf Diether verspricht sich, wie er sich sein Leben lang versprochen hat, und sein Nachfolger verspricht sich im Nachsprechen, so erfährt die Tradition keinen Bruch, und alles bleibt beim alten. Die Gardisten haben den Schwurfinger erhoben, Graf Diether flüstert: „Blut is kään Buttermilch!" Der Nachfolger ruft: „Blut is kään Buttermilch!" Und die Gardisten antworten: „Blut is kään Buttermilch!" Da gibt es kein Versprechen, nein, Mainzer Blut ist keine Buttermilch, Mainzer Blut kann nie und nimmermehr Buttermilch sein. Gutenberg, auf dessen Presse diese närrischen Verlautbarungen längst gedruckt sind, residiert regungslos auf dem 50. Breitengrad, er schaut mit bronzenem Auge auf die Mainzer Narren und weicht keinen Fußbreit von seinem Sockel.

Am Abend sitze ich im griechischen Restaurant „Korfu" und esse Lammkoteletts mit grünen Bohnen. Da öffnet sich die Tür und herein bricht, blutrot gewandet, als komme er geradewegs aus der Schlacht, der Musikzug der Garde HMN. Ich lese es auf den Ärmelstreifen des Adjutanten, der in der Tür stehen bleibt, stumm und bärbeißig, und wohl den

Rückzug decken muß. HMN? Der Adjutant lächelt, siehe da, er ist gar kein bösartiger Mensch; er streicht sich über seinen feinen Lippenbart und sagt: „Das heißt Hörnerzug Mainz Neustadt." Die Bläser stoßen in die Hörner, die Trommler wirbeln mit den Stöcken, sie sind der Zeit entflohen. Sie kümmert nicht Kulinarik, nicht Calgary, sie trommeln und blasen für ein Gläschen Uzo und den Segen des Gottes Bacchus.

14. Februar

Aus dem „Närrischen Marschbefehl" seiner Exzellenz Baron Hermanicus von Arnold, Kommandierender Generalfeldmarschall der Garde der Prinzessin zu Mainz: „8 Uhr 30: Treffpunkt zum Wecken der Prinzessin in der Gaststätte zum Volkspark Mainz in der Göttelmannstraße (Trommlercorps und eine begrenzte Anzahl Gardisten). Unbedingt bis 10 Uhr 33 Eintreffen im Eltzer Hof."

Nicht schön ist es, Soldat zu sein; doch wie herrlich ist es, Soldat zu spielen! Der Spieß der Garde der Prinzessin erklärt es mir, er sagt: „Wir tragen die roten Hosen und die grünen Uniformjacken der Franzosen, den napoleonischen Zweispitz quer und nicht längs auf dem Kopf, und darunter die friderizianische Lockenperücke", und der Generalfeldmarschall fügt hinzu: „Damit Ludwig XIV., Napoleon und der Alte Fritz sich gleichzeitig im Grabe umdrehen."

Vor dem Eltzer Hof formiert sich die Garde der Prinzessin zur Parade. Die Trompeten werden durch-

geblasen, die Trommelsaiten gespannt, die Rock-
schöße glattgestrichen. Kommandos erschallen, der
Zug setzt sich in Bewegung. Welcher Glanz, welche
Brillanz im hellen Sonnenlicht! Nur, „muß der jetzt
mit seinem Bus anfahren!" sagt ein Zuschauer, als in
der Bauhofstraße der „Rheingold"-Sightseeing-Bus
von der Bürgersteigkante ablegt. Doch es blitzt das
Beil des Sappeurs, es glänzen die Felle der Pferde, es
leuchten die Kokarden der Revolution, und augenblicklich ist der Störenfried vergessen. Aus fernen
Straßen tönen Trompeten herüber, von überall her
strömen die Garden zusammen und vereinigen sich
im Paradezug, der von der Großen Bleiche in die
Schillerstraße einschwenkt.

Vor Schillers Denkmal passiert er das Spalier der
Zuschauer. Robuste Ranzengarde mit ihrer Kadet-
tenschule! Malerische Burggrafengarde mit ihrem
tänzelnden Trommler! „Da zahlste bestimmt hundertfünfzig Mack fürs Kostüm", sagt ein Zuschauer.
Blutroter Hörnerzug mit den Hörnern, grünweißrote
Haubengarde unter der Haube! „Die marschiern
richtig", sagt ein alter Mainzer und zieht an seiner
dicken Zigarre. Die alten Herren auf den Pferden
der Hechtsheimer Dragoner sehen alle wie österrei-
chisch-ungarische Generäle aus, die Kleppergardi-
sten auf ihren Schaukelpferden äffen das kaiserlich-
königliche Gepränge nach. Aus dem Unterschlauch
des gebastelten Pferdemonsters fließt das Wasser des
Überflusses, aus dem Hinterschlauch pufft das Konfetti der Eitelkeit. Schiller, ganz in Bronze, quittiert
es mit Gelassenheit. Heißt es nicht im „Don Car-
los": „Wer ist von Eitelkeit so frei, um nicht für seinen Glauben gern zu werben?" Die Kleppergarde

wirbt, und ihr Konfetti zerstiebt unter den Füßen der Müßiggänger.

Eine halbe Stunde nach Mittag sitze ich im Quartier der Garde und esse eine Erbsensuppe mit Wurst und Weck. Ich sitze nicht mehr unten im Saal bei den Profanen, ich sitze bei den Professionellen auf der Empore und genieße die Gesellschaft des Feldkuraten. Der Oberstleutnant hat seinen Zweispitz abgelegt, sein graues Lockenhaar wallt über den Uniformkragen. „Um 16 Uhr 11 geleiten wir die Prinzessin schwerpunktmäßig in ihr Quartier", sagt ein Gardist zu ihm. „Da müssen wir eine gute Figur machen", sagt der Feldkurat, „wir sind mit der ganzen Generalität dort." Er lächelt, er räkelt sich auf seinem Stuhl. „Wissen Sie", sagt er zu mir, „ich bin Pfarrer von Beruf, Jahrgang 1934, ich habe nie gedient, doch einmal im Jahr mach ich mir gern den Jokus darauf."

15. Februar, Rosenmontag

Immer, wenn ich sagen hörte, Petrus sei ein Mainzer, dachte ich, das stets wiederholte immergleiche Geschwätz derer zu vernehmen, die sich einzuschleichen versuchen ins Wohlwollen gutwilliger Patrone. Weit gefehlt: Petrus ist tatsächlich Mainzer.

So herrscht Sonnenschein seit drei Tagen, strahlender Sonnenschein auch am Rosenmontag. In der Turnhalle der Goetheschule, der Rüstkammer des MCV, proben die Zeugverwalter seit früher Stunde den Katastropheneinsatz. Die Narren kleiden sich ein. Stoßweise liegen weiße Hosen, bunte Jacken,

spitze Hüte gestapelt. Die Stapel werden kleiner, das
närrische Heer rekrutiert sich allmählich, wächst
rasch an und wird zur karnevalistischen Armee. Da
stehe ich armer Zivilist: drei junge Männer helfen
mir in einen Schwellkopf; ich strecke die Arme hoch
über meinen Kopf, beuge mich in die Höhle aus
Pappmaché, recke mich in die Höhe und trage einen
fremden Kopf auf den Schultern, schwer aus Leere,
gewichtig aus Nichts. Ich trage den Narrenkopf, als
gehörte er mir, ich verberge mich unter der Narrenkappe, als wäre ich der allwissende Weise. Herr Bau-
mann, Fastnachter und Verkehrsdirektor, bittet mich
auf eine Bank zum Gespräch; Pierrots eilen vorbei,
Colombinen schauen in den Spiegel. „Du, weiser
Herr, sitz hier", sagt König Lear zu seinem Narren,
und der Narr setzt sich zu ihm, betrachtet die Fräuleins und sagt zur Dame Goneril: „Verzeiht! ich hielt
Euch für einen Klappstuhl." Bin ich der Narr, bin
ich der Weise, der alles sagen darf?

Um Mittag stecke ich im blauen Plüschmantel
und trage die Narrenkappe, Motoren rauschen auf,
Kommandos erklingen, ich nehme Platz auf einem
Wagen der Weisenauer Burggrafengarde und bin für
drei Stunden aufgenommen ins närrische Nobelge-
werbe. Ich darf grüßen, ich darf winken, ich darf
Püppchen werfen. Eine Burggräfin ruft den Burggra-
fenkindern zu: „Holln eich die Blumme zum Fort-
schmeiße!" denn schon heißt es von vorn: „Auf, auf,
die Jokusgarde ist schon am Laafe!" Was soll ich sagen? Eine ganze Stadt zieht an mir vorbei, das heißt,
die Stadt steht festgemauert, ich bewege mich und
bewege mich doch wieder nicht, weil ich stillstehe
auf dem Wagen, der sich bewegt; es ist wie bei He-

gel: je nachdem, ob ich mich im Mittelpunkt unseres Wagens stehen oder mich am Rande der Straße entlang fahren sehe, umso heftiger bewegt sich im ersten Falle die Stadt und umso unverrückbarer verharrt sie im zweiten, ein dialektisches hegelsches Gesetz, in dem sich in der Nähe der vollkommenen Ruhe zugleich auch die heftigste Bewegung befindet. Bert Brecht hat Hegel ganz zu Recht einen Humoristen genannt, weil er solche Ungeheuerlichkeiten ohne ein Augenzwinkern gesagt habe.

Der Zug rollt durch die Stadt, zuerst ist es ein Rausch, ein verzücktes Gleiten, in dem die Zeit aufgehoben, der Raum verwandelt ist. Doch bald bin ich selbst verwandelt; es stellt sich die imperiale Geste ein, das gnädige Gebaren dessen, der gefahren wird, Enten und Gänschen, Fischchen und nackte Püppchen vom Wagen herunter in die Menge wirft und sich Personen aussucht, denen er seine Gunst erweist. Es gibt eigenartige Blickkontakte, verbunden mit eindeutigen Gebärden von der Straße her. Zu Tausenden stehen die Leute in dichten Reihen und halten Mützen, Plastiktüten, aufgespannte Regenschirme verkehrtherum, damit ihnen meine Gabe herabfalle wie Sterntaler ins ausgestreckte Nachthemdchen. Bin ich jetzt der Narr, der ich sein wollte, Nietzsches Prinz Vogelfrei, der alte Zauberer, bunt verlarvt, sich selber Larve, aus Narrenlarven bunt herausschreiend, wie es heißt, jongliere ich auf lügnerischen Wortbrücken, balanciere auf bunten Regenbogen und bin nur Narr, nur Dichter? Ist es so und müßte ich nicht Frau Klöver mit ihrem fröhlichen Drill Abbitte tun?

178

Und was ist aus den Wagen geworden, die wir in der Halle in Budenheim gesehen hatten? Bär und Hahn gehen Arm in Arm und schieben die Raketenkarre zur Müllkippe; Kohl hat jetzt eine Violine in der Hand und musiziert, disharmonisch, mit Honekker, der die Trommel schlägt. Auf einem anderen Wagen sitzt er im Sessel, die Rangen entpuppen sich als der ungehorsame Heiner, die unliebsame Rita, und beide ziehen Kohl an der Krawatte. Doch es bleibt eine harmonische Disharmonie, eine disharmonische Harmonie, nur der deutsche Michel, computerlesbar hinter dem Datenschirm, spottet der Ausgewogenheit Hohn. Und was ist mit Stoltenbergs Meßlatte? Ach, wenn es nur eine Meßlatte wäre! Es ist ein gerupfter Pleitegeier daraus geworden. Stoltenberg hält ihn am Hals, und er ist so gerupft, daß ihm fast keine Feder geblieben ist. Drei Stunden dauert die Fahrt; es geht straßauf, straßab, über breite Alleen, durch enge Gassen, es ist ein fortwährendes Rufen und Singen, ein Trompeteblasen und Fahnenschwenken, ein Grüßen und Fordern und nimmt erst ein Ende, wenn der letzte Narr seinen Atem verschrien, seine Spucke verblasen hat.

Ich bin erschöpft. Wiederum sind drei Stunden verstrichen und noch immer reißt es in meinen Gliedern. Das Spektakel ist zu Ende, schon berichtet das Fernsehen darüber. Wir hatten uns im Weinhaus Weinel getroffen, wir wollten miterleben, wie sich der Enthusiasmus der Straße beim Weine fortentwikkelt. Doch das Lokal war bis auf den letzten Platz besetzt. Als ich, für ein paar Minuten nur, auf einer Sitzbank Platz nehmen wollte, sagte eine Frau zu mir: „Hopp, Opa, auf, da sitzt einer." Doch ihre

Alter Judenfriedhof

Nachbarin legte mir die Hand auf den Arm, schaute ihre Bekannte an und meinte: „Laß doch den Mann sitzen, bis der Albert vom Lokus kommt."

Ja, das Spektakel ist zu Ende, der Raum ist neu begrenzt, die Zeit hat mich wieder. Während vorne im Zug Thomas Gottschalk seine verlorene Wette einlöste, schwanden auch die politischen Überlebenschancen des österreichischen Bundespräsidenten dahin; während hinten im Zug die närrischen Tollitäten ihre Gunst erwiesen, errang Georg Hackl in Calgary seine Silbermedaille; während ich in der Mitte nackte, häßliche Püppchen in die Menge warf, überrollte ein Wagen des Mainzer Narrenclubs ein dreijähriges Kind.

15. Februar, abends

Die ganze Stadt hat geflaggt, und jetzt, zu später Stunde, leuchtet das Mainzer Feldzeichen in strahlender Abendbeleuchtung. Die Fahne der Mainzer Fastnacht ist eine Quadrolore, die mit den Farben der blauweißroten Trikolore ihr satirisches Spielchen treibt. Sie ist ein auf den Kopf gestelltes republikanisches Banner, ein niederländisches rotweißblaues Ehrentuch, wenn nicht das Gelb neben dem Blau die Hoheit des Karnevalismus anzeigen würde. Gelb ist bis heute die zwiespältige, die zwielichtige Farbe: es ist die Farbe des Lichts, der Reinheit, aber auch die Farbe der Schande, des Ausgestoßenseins. Der gelbe Stern, das gelbe Kleid, das Spottgelb der Narrheit: mit der Wahl der gelben Farbe stellt sich der Narr bereits im Mittelalter an die Seite der ausgestoßenen Juden und Huren.

Die Fahne der Mainzer Fastnacht ist eine Fahne, die der Idee spottet, für deren Repräsentation sie erdacht worden ist, eine Fahne, die ihrer selbst spottet.

16. Februar

Im Rathausfoyer wird die Ausstellung „Bürgerfest und Zeitkritik – 150 Jahre Mainzer Carneval-Verein 1838 – 1988" gezeigt. Auf einem Bein steht der Bajazz, goldbronziert, in der Mitte des Raums; bis zur Decke hoch streckt er die Laterne und die Spottfahne Blau-Weiß-Rot mit Gelb. Wir sehen das Prinzenpaar von 1909 als bekleidete Puppen, bunt paillettiert, den Prinzen von 1938 in Rot und Gold, und auf Fotos sehen wir die Paare aus dem vergangenen Jahrhundert, als die Prinzessinnen noch Männer waren, Rechtsanwälte, Möbelfabrikanten, Oberbürgermeister. Da gibt es das Fastnachtskomitee als indische Gesandtschaft, als Chinamänner, als Auguren auf dem Schweif des Halleyschen Kometen von 1910.

Mich beeindrucken die Dokumente der politischen Fastnacht, die immer dann, wenn der Zensor am strengsten einschritt, ihre besten Pointen setzte. So erschien 1844 ein „Zensur-Epigramm" von Ludwig Kalisch in der von ihm redigierten Zeitschrift „Narrhalla" im Verlag Johann Wirth:

„Ängstlich frug das Fragezeichen:
Wird mich nicht der Censor streichen?

Und ein Gleiches, still bei sich,
Dachte der Gedankenstrich.
Komma stand ein Weilchen still:
Ob er mir was antun will?
Semikolon war noch bänger,
Harrte noch ein Weilchen länger.
Doppelpunkt, der fuhr heraus:
Wie, er wirft auch mich hinaus?
Ach! rief dann das Ausrufszeichen,
Ach! er wird uns alle streichen!
Der Herr Censor kam, zu sehen,
Wie gefürchtet, so geschehen:
Nur das „Punktum" ließ er stehen."

Le Général Maitre de l'Armée du Rhin, der Kammandeur der 37. Division und des Bereiches Mainz, schrieb am 18. Januar 1927 an den Bürgermeister von Mainz, die Zeitung des Mainzer Carneval-Vereins gebe insbesondere vier Strophen eines Liedes wieder, das von einem August Fürst gesungen werde. Mehrere dieser Strophen seien direkt auf die Besatzungsarmee gemünzt. Der kommandierende General der Rheinarmee beauftragte ihn, darauf hinzuweisen, wie erstaunt er gewesen sei, „daß diese Kundgebung sich in Gegenwart der offiziellen Persönlichkeiten hat ereignen können, wo doch die Stadtverwaltung Mainz bis jetzt stets versöhnliche Gesinnung bezeugt!" habe. Und weiter heißt es: „Ich beehre mich, Sie zu bitten, Ihren Einfluß bei den Veranstaltern der demnächst stattfindenden Feste dieser Art geltend zu machen, damit künftighin vermieden wird, daß zu der ersten Entgleisung, als welche diese Kundgebungen mit politischer Ten-

denz anzusehen sind und die mit den Freuden des
Carneval nichts zu tun haben, noch diejenige ihrer
Veröffentlichung hinzutritt." Was hatte der Friseur
Fürst gesagt? Er, der schon 1913 an den „Narr-
halla"-Redakteur Kalisch mit den Versen erinnerte:

„Aus Posen, aus der Polackei
Kam er, ein Israelite,
Und die Zensur der Polizei
Hat ihn auch hier beschnitte",

dichtete jetzt:

„Was brauche mir dann so Leit mit Peitsche,
Mir sin doch kä'n Wilde, mir sin doch Deitsche",

und:

„Un unser Nachbar, der uns so gut gefällt,
Der hot noch Pulver – awer kä'n Geld."

Eine Zeitlang stehe ich vor dem vergrößerten Foto
des Fastnachters Seppel Glückert; ich lese seine
Verse aus den dreißiger Jahren und halte stumme
Zwiesprache mit ihm. Er, der „närrische Reichskanz-
ler", wie er sich nennt, sagte in der Generalversamm-
lung des MCV am 18. Nebelung 1933, nachdem Hit-
ler schon die Macht ergriffen hatte:

„Drum hab' vorhin ich aach ganz nah
Verabschied mich vun meiner Fraa,
Und rief beim Auseinandergeh'n:
Wer weiß ob wir uns wiederseh'n.

Wann ich bis morje früh um vier

184

Im Bett nit lei', brav newe dir,
Die Nachsitzung find', sei nit platt,
Dann in de Wormser Gegend statt.

Ihr lacht darüber, un dabei
War mancher Mainzer hier so frei
Vor Monden noch zu fragen so:
Na Seppel, biste als noch do?"

Und etwas später heißt es:

„Prinz Carn'val hat, so er geherrscht,
Sich nit vor'm erste Reich gefercht,
Du, zweites Reich, vor ihm versankst,
Vor'm dritte hot er aach kä'n Angst."

Die Wagen dieser Zeit sind riskant gestaltet: der
Wagen mit dem arischen Stammbaum zeigt eine
Glosse auf den deutschen Edelmenschenwahn; der
Wagen mit dem Hakenkreuz als Alpdruck auf einem
Österreicher im Bett eine Glosse auf die bevorste-
hende Besetzung Österreichs; der Wagen mit dem
Zwölfschinkenschwein eine Glosse auf den Vierjah-
resplan. Am 29. Dezember 1933 schreibt die NS-
Kreisleitung Mainz an die Carneval-Vereine: „Um
den Mainzer Carneval in diesem Jahr als sauberes
Volksfest durchzuführen ... damit unliebsame Vor-
kommnisse von vorneherein vermieden werden, er-
suchen wir, Ihre Veranstaltungen rechtzeitig uns bekannt zu geben, das Programm uns vorzulegen ...
ich bemerke ausdrücklich, daß Veranstaltungen, die
dieser Voraussetzung nicht entsprechen, noch in
letzter Minute von uns verboten werden. Heil Hit-
ler!"

Der „Mainzer Anzeiger" vom 2. März 1935 schreibt, das Tragen von jeglichen NS-Abzeichen sei während der Fastnachtstage verboten, es gehe nicht an, die Symbole der nationalsozialistischen Revolution, auch den Deutschen Gruß, zu zeigen. Unsere Düsseldorfer Freunde, hieß es, würden die rechte Hand an die linke Stirnseite legen und mit „Helau!" grüßen, das sei doch ein schöner Gruß und unsere hiesigen Narrhallesen sollten ihn, zur glücklichen Lösung der Grußfrage, in närrischen Veranstaltungen übernehmen.

Und noch einmal Fotos: wo auf dem Schillerplatz die „nackisch Bawett" stand, steht heute der Fastnachtsbrunnen, wo auf dem Fischtorplatz das Denkmal für Gustav Stresemann stand, steht heute die Plastik „Hering mit Pellkartoffel". Alles ist anders geworden, bleibt Mainz Mainz?

16. Februar, abends

Was mit Pomp begann, endet im Müll, und auch der Tod hat uns eingeholt. Ich spaziere zu der Stelle, an der das dreijährige Kind gestern mittag von den Reifen eines Fastnachtswagens überrollt und getötet wurde. An der Ecke Frauenlobstraße/ Boppstraße, vor dem Spezialitätenladen mit den Gewürzen aus aller Welt, brennen, in eingefaßter Rabatte mit struppigem Spalierbaum, Kerzen und Windlichter in roten Ständern. Auf ein kleines Holzkreuz ist der Name DENNIS geschrieben, darüber hängt eine Blumenkrone, drumherum stehen Osterglocken in Glas- und Keramikvasen. Ein Dutzend Menschen hat sich eingefunden, eine Frau in den Sechzigern gibt den Ton an. „Was is da zu machen?" sagt sie, „unser Herrgott soll das Kind liebhawwe, awwer Fassenacht is Fassenacht, da müsse die Leut auf ihr Kinner aufpasse." Ein Mann in mittleren Jahren, ganz in Leder gekleidet, der behauptet, Amerikaner zu sein, drängt sich vor, schaut sich um, ergreift das Wort. „Ich bin promovierter Doktor", sagt er mit Mainzer Zungenschlag, „awwer Journalist. Ich kann Ihne saache, bei uns in Amerika iss so etwas nit möglich. Denke Sie an die Steubenparade. Wenn da so etwas vorkommen würd, dann wär die Steubengesellschaft weg vom Fenster."

Aus der Nachbarschaft tönt Trommelschlag; später, als ich schon auf dem Rückweg bin und an der Kaiserstraße anlange, kommt mir der Spielmannszug einer Garde aus der Hindenburgstraße entgegen. Die Musikanten sind mit rotweiß karierten Schürzchen und weißen Häubchen bekleidet; die Trommler trommeln unentwegt, die Bläser tragen ihre Instrumente am Riemen um die Schulter. Der Gruppe voraus schreiten zwei Männer, auch sie sind mit Häubchen und Schürzchen geschmückt. Sie schreiten kräftig aus und führen die lärmende Gesellschaft ins Dunkel der Bauhofstraße. Sie schweigen, sie wiegen bekleidete Babypuppen im Arm.

17. Februar, Aschermittwoch

Den Stadtpark herab, dumpf im dämmrigen Spätnachmittag, dröhnt es von Trommeln: aufmarschiert ist die Garde der Prinzessin zum Satyrspiel einer

Wagneroper. Es ist eine Trauergesellschaft, schwarz gekleidet, mit Kerzen und Blumensträußen in den Händen; die Damen gehen in Pelzen, die Herren in Zylinderhüten. Es grollen die Trommeln, es lamentiert die Quetschkommode. Der Zug tritt an ein Feuer heran, das der Schornsteinfeger auf den Steinplatten der Parkterrasse entfacht hat. Da liegt, auf schlichter Bahre, die Leiche der Fastnacht in der Tracht der Garde. Über die Köpfe der Trauergemeinde stieben die Funken des Feuers. Der Pfarrer steht da, er liest aus einem närrischen Beerdigungsritual vor, bestreut den Leichnam mit Scheuerpulver, sprengt ihn mit entweihter Klosettbürste. „O Brimbamborium!" ruft er aus, „was soll nun aus uns Narren werden?" Der Feuerwerker feuert, das Klageweib klagt, die Puppe wird den Flammen übergeben. Da rappeln die Meßdiener mit ihren leeren Blechdosen, der Pfarrer hebt noch einmal die Stimme und sagt: „Hier liegt sie, die Fastnacht 1988, es lebe die Fastnacht 1989!" und über die Stätte, an der einst Schinderhannes enthauptet wurde, geht ein dreifach klägliches und dumpfes „Helau".

Ich stehe am Feuer. Ich ziehe den Hut. Habe ich wirklich begriffen, um was es geht?

25. Juni

Nirgendwo als in Kairo – so war ich lange Jahre der festen Meinung – habe ich mehr Menschen auf der Straße gesehen, als es auf der Welt zu geben scheint: das war so, bis ich nach Mainz kam. Doch das ist nicht alles. Was erst auf der Welt, speziell in Mainz,

Gasthaus "Beichtstuhl"

nicht alles verzehrt und geschlürft, gegessen und getrunken, gefressen und gesoffen wird! Auch am Johannisfest gibt es das Defilee der Massen von Gutenberg bis Schiller, entlang der Imbiß- und Getränkebuden. Da gibt es Kroczek's gebrannte Mandeln, Böhme's Zuckerwatte, Erwin's Hamburgers, da gibt es Henninger Bier, Beck's Bier und Alpirsbacher Klosterbräu, und Warsteiner Premium Verum gibt es mit der Fernsehübertragung des EM-Endspiels gratis, es gibt Sekt von Mumm, Erdbeerbowle von Müller und Coke von CocaCola. Gibt es im Rheinhessischen auch rheinhessischen Wein? Am Johannisfest sieht es nicht danach aus.

Aber Musik gibt es! In der Seppel-Glückert-Passage orgelt ein Akkordeonspieler „Die Moldau" von Smetana, in der Schustergasse intoniert eine Indiogruppe „Guantanamera", im Innenhof des Gutenberg-Museums spielt die Gruppe „Il Saltarello" das Stück „Hole in the Wall" von Purcell. Ja, das Loch in der Wand! Wer dringt hier ins Innerste vor? Erst wo die Gaudi endet, hinter den Buden beim Fastnachtsbrunnen, beginnt das Wesentliche, geschieht das Eigentliche. Zwischen zwei Fahnenstangen, von denen die eine das Bundes-, die andere das Mainzer Banner trägt, weist ein Transparent zum „Johannis-Büchermarkt". Es ist ein Flohmarkt mit fastantiquarischen, halbantiquarischen und modernantiquarischen Büchern. Es gibt die ausrangierten Hefte von GEO und MERIAN, Esoterik und Psychologie, Sozialethik und Architektur, Kinderbücher und die schönen quadratischen Zigarettenalben der Rennaissance- und Barockmalerei von 1938, aber auch Thomas Manns „Buddenbrooks", Beumelburgs „Reich

und Rosen" und „Die schönsten deutschen Gedichte", einen blauen Band aus dem Phaidon-Ver-
lag, der mit der Behauptung beginnt, Gedichte seien
gemalte Fensterscheiben.

Wohin geht der Blick der jungen Leute, die hier
vorüberschlendern, blättern, lesen? Durch die gemalten Fensterscheiben der Poesie? Durch das Loch in
der Wand? In zauberische Welten der Phantasie?
Ein Pärchen steht da und hält einen dicken Band in
Quartformat, der junge Mann betrachtet die Illustrationen, seine Augen glänzen, seine Wange bebt. Er
legt dem Mädchen die Hand auf den Arm, streichelt
es bis hinauf zur Lippe: hat er den Weg ins innerste
Geheimnis entdeckt? Das Mädchen blättert zum Titel zurück, er lautet: „Subkutane Infusion von Nähr-
stoffen". Ist das des Rätsels Lösung? Unter der breiten Platane steht der rote Bücherbus aufgebockt.

Das „Hand & Fuß Theater & I Pompieri" spielt
ein Stück in der Manier der Commedia dell'arte:
„Ein Platz an der Tonne". Die Tonne ist gelb-rot-
grün gestreift und der Harlekin, in Jägerhut und
bunter Weste, spreizt die Finger, hebt die Hände
dem Flugzeug entgegen, das eben über die Dächer
des Ballplatzes fliegt und versucht, es zur Landung
zu verlocken. Die Kostüme glänzen, die Pappnasen
blitzen, Flöte und Gitarre tönen auf und füllen den
Raum zwischen den alten Häusern mit Tarantella-
klängen. Hinter dem Spielpodest steht ein junger
Mann mit Kochbüchern und belletristischen Raritä-
ten. „Ist das Tutzi Tutzi?" fragt der Harlekin und
deutet auf den Antiquar. Doch Pantalone und der
Capitano sind auf die Szene getreten. „Habt acht!"
ruft der Capitano, und Pantalone fragt: „Was? Halb

191

acht?" Während sich die Kinder halbtot lachen, verkauft der Tutzi Tutzi „Leckereien für schlanke Schlemmer" aus der Ceres-Feinschmecker-Edition. Folgerichtig ist das „Hand & Fuß Theater" bei den „Drei Muskeltieren" angelangt. Pantalon, der Capitano und der Harlekin singen „Schlabbertag", doch der Alimento tritt hinzu und ruft: „Helden sind nicht mehr gebraucht." Der Antiquar zieht „Leckere Salate von A-Z für Diabetiker" aus der Bücherkiste und hält das Buch hoch über die Köpfe der falschen Muskelprotze. Alimento sagt: „Hier fehlt der Hut" und befiehlt mir: „Notieren Sie: Hier fehlt der Hut!" Ich notiere: „Es fehlt ein Hut." Und tatsächlich: alles ist barhaupt, die Tarantella erklingt, die Akteure springen über das Podest und gestikulieren mit Händen und Füßen. Nur der Riesenschnauzer steht da, schwarz und verschreckt, er weiß nicht, was er von einer Commedia dell'arte halten soll.

Nirgendwo drängt sich die Menge so dicht wie vor dem Zeltdach am Theater, wo das Gautschen in Szene gesetzt wird. Gautschen ist Hauptattraktion, Gautschen ist Paradenummer. Es wird aber nicht einfach vor aller Augen Papier zum Pressen und Entwässern ins Gautschbrett gelegt, wie es das Handwerk der Drucker verlangt, nein: hier sind es ganze Menschen, die in der Bütte mit Wasser verschwinden, so will es der alte Brauch. Gautschtermin ist Fototermin, Filmtermin, Medientermin, ist Spaß und Spektakel, eine heidnische Taufe. Die Stadtsoldaten, zu Fastnacht als Prinzessinnengarde aufmarschiert, sperren den Spielort ab, lassen nur Fotografen, Kameraleute, Journalisten durch die Barriere passieren. Als ich mein Notizbuch zücke, sagt ein

junger Mann des Absperrungskommandos zu mir:
„Was wollen denn Sie hier? Schreiben? Haben Sie
überhaupt einen Ausweis?"

Dann blasen die Hornisten ihr Signal. Zwischen
Schwammhalter und Packern tritt der Gautschmeister aus der Theaterpforte, üppig gekleidet, im brau-
nen Gildewams, mit Samtbarett, er sieht aus wie
Heinrich George als Götz von Berlichingen. Seine
Packer lassen die Muskeln spielen, der Schwammhalter wedelt mit dem Schwamm und ein Drucker-
lehrling nach dem anderen, von Hornsignalen aufge-
schreckt, verschwindet kopfüber im Wasser des Bot-
tichs: Mainzer Mainzer, Mainzer Italiener, Mainzer
Mohammeds, auch die Gastlehrlinge aus Pennsylva-
nien, die Lehrmädchen aus Mombach. Die Fastnacht ist tot, es lebe der große Johannes! Vor einem
halben Jahr trugen die Stadtsoldaten den bunten
Narrenrock zu Grabe, heute schützen sie die Wasser-
taufe der närrischen Schwarzkünstler. „So geht's im
Leben", sagt der Spieß der Garde zu mir, „wenn der
Sommer da ist, steht die Fassenacht wieder vor der
Tür." Die Fastnacht ist tot, es lebe die Fastnacht!

Heiliger Johannes Gutenberg, was geschieht in
deinem Namen nicht alles mit den jungen Druckern!
Der Gautschmeister steht an der Wasserbütte, „an
der Wasserfront", wie er sagt, und „Stück für
Stück!" wie er ruft, schickt er sie nun in die Bütte.
„Hinein in den Pott!" ruft er, und: „Sachte, sachte!"
wenn ein Mädchen an der Reihe ist. Es werden ge-
gautscht: Kleine und Große, ein Springinsfeld und
ein zwei Zentner Lebendgewicht, mancher muß unter Wasser sein, bis keine Luftblasen mehr auftauchen, doch bei Fräulein Andrea ruft der Gautsch-

meister: „Die gehen ja dran, als ob sie einen Ballen Papier in den Händen hätten." Es ist ein rauhes Geschäft. Der eine drückt sich, der andere wehrt sich, ein dritter weigert sich, alle vergebens. Alle versinken sie im Wasser der Bütte, alle lassen nur noch schwache Blasen entweichen. Dann sind sie reingewaschen von allen Flecken verflossener Mühsal, kein Spritzer Druckerschwärze fleckt die glatten Wangen mehr.

Schließlich greift der kostümierte Gautschmeister, der schon tief in seine mittelalterliche Rolle verstrickt ist, in seine Wamstasche und sagt verschämt: „Entschuldigen Sie bitte, die Technik!" und setzt sich seine Brille auf. Während er die Gautschbriefe aushändigt, sinnt das gegautschte Druckervolk auf Rache. Ganz am Ende nämlich sind die Gegautschten die Gautscher: sie packen die Packer und tauchen jetzt sie in die Bütte, daß das Taufwasser wild aufschäumt: Johann Gensfleisch, segne jeden Tropfen, der dieser Bütte entspringt! Alle Tropfen entspringen ihr, denn nun stürzt die Bütte um. Die getauften Drucker kippen sie mit Schwung über die Tribüne, daß das Wasser in alle Winde springt, auch in die Schuhe der Zuschauer, und der Gautschmeister ruft: „Das war echt Meenzer Wasser!"

25. Juni, abends

Johannes Gensfleisch, genannt Gutenberg, der den Buchdruck mit der beweglichen Letter erfand und auf dessen Presse die erste Lutherbibel gedruckt wurde: da steht er, mitten zwischen Büchern und

194

einsam auf Podesten, als plastische Figur und als gemaltes Bild, mit Bart, ohne Bart, im Leinenkittel, im Brokatgewand, mit Barett als Silhouette, barhaupt in Vollansicht und als Schnitzwerk auf einem Faßboden, mainzerisch von Reben umrankt und von Vögeln umzwitschert: er ist der Patron des Johannisfests, der weltliche Heilige der Mainzer Johannisnacht. Zwar wird in seinem Namen gelacht und gelesen, geschlemmt und gedichtet, doch wer hält den roten Faden in der Hand, der die Imbißbuden mit den Bücherständen, den Trödel mit der Kunst, die Gaudi mit der Feier verbindet? Ist es das Festkomitee, sind es die fröhlichen Festgäste?

Gutenberg gehört zu Mainz wie die Fastnacht: so wie in Mainz allzeit Fastnacht ist, so ist überall Gutenberg in Mainz.

26. Juni

Rheinufer, Festzelt, Frühschoppen mit Preisquadräteln. Die Kasteler Musikanten spielen auf, sie sitzen auf dem Podium unter einem gemalten Panorama von Mainz, flankiert von Bindings römischen Adlern. Es ist eine schneidige Marschmusik, die erklingt, eine Happy-Polka, ein Happy-Walzer, das aufpolierte Repertoire aus der alten Zeit, doch auch „Happy Feeling", ein modernes Intermezzo, steht auf dem Programm, und „Fröhliche Rheinfahrt", ein neues Schunkellieder-Potpourri. Blasen ist kein Vorrecht der Männer mehr, auch Mädchen blasen, wenn es die Kapazität ihrer Lungen erlaubt. Sie sitzen hinter den Pulten, spitzen die Lippen, blähen die Bakken, Mädchen spielen Flöte und Klarinette. Männer pusten und hauchen, sie blasen Trompete und Posaune.

Die Leute quadräteln. Aber was ist Quadräteln? Ein alter Setzer erklärt die Spielregeln: Quadräteln ist ein Würfelspiel mit Quadraten, den länglichen Gevierten, die der Setzer zum Ausfüllen der Leerzeilen beim Schriftsatz verwendet. Fällt das Bleistäbchen so, daß die zinnoberrote Kerbe nach oben zeigt, zählt es einen Punkt. Bleibt ein Geviert nach dem Wurf aus dem Würfelbecher senkrecht stehen, so ist das nach altem Brauch ein „Gutenberg", der drei Punkte zählt. Die Punkte der drei Würfe werden zusammengerechnet. Wer als Ergebnis acht, neun oder zehn Punkte erreicht, erhält einen Trostpreis. Für die höchsten Würfe sind Hauptgewinne ausgesetzt. Drei Wurf kosten fünfzig Pfennig. Stülpen ist nicht gestattet.

Also quadräteln wir. Wir quadräteln zu dritt. Es fallen die Becher, es fallen die Gevierte, es fällt das Glück. Willi Abts, der Sozialdemokrat, wirft mit links. „Mit nix fängt man gewöhnlich an", sagt er, doch es kehren sich ihm die roten Kerben zu, und er zählt seine ersten Punkte zusammen. „Früher haben die Drucker oft einen ganzen Monat lang um eine Zigarre quadrätelt", sagt der alte Drucker am Tisch und schüttelt den Becher mit geübtem Schwung. Nur ich sitze dabei, und gewinne nichts, die gekerbten Gevierte fallen übereinander, was ja nichts gilt. „Es ist wie im Leben", sagt Willi Abts, „immer, wenns was wäre, liegt einer quer."

Nach dem Quadräteln schlendern wir am Rheinufer entlang. Schon locken wieder Bubel's Schnell-

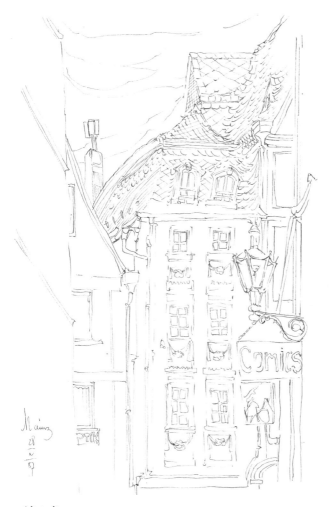

Altstadt

rast, Wach's Futterkrippe, Distelkamp's Zuckerpalast. Barth's City-Shop, die Tombola der Superlative, offeriert den „Funny Boxer", Made in Taiwan. Siegfried's Goldene Sieben verlost den sprechenden Papageien, den sprechenden Gorilla, die sprechende Kuckucksuhr, alle aus Holz. „Hilfe!" ruft die Losverkäuferin, „ihr räubert ja den ganzen Laden aus." Alles das filmen wir. Unsere Kameraobjektive zwängen sich schamlos durch die Reihen und blicken scharf und indiskret. Leute kommen vorbei, sie genieren sich, drehen ab, wollen nicht ins Bild, sie drücken sich an Henri Abeles Champagnerstand vorbei und gehen uns aus dem Weg. In der Schlange für gebackene Champignons in Rahmsoße steht ein Stadtsoldat und kaut mit vollen Backen.

Wo ist der Trödel, wo ist die Kunst? Beginnt der Trödel, wo die Kunst endet? Isabel aus Spanien führt ihre selbstgemachten Handpuppen vor, die Galerie 888 zeigt Aquarelle aus Mainz, einer hat Hähnchen aus Holz geschnitzt, ein anderer hat Flaschenkapseln bemalt. „Hier ist wunderbarer Schmuck!" ruft eine junge Frau, doch ihr Begleiter antwortet: „Mir sind die Bastelbögen lieber." Was bietet Tiffany's Glasladen? Was offeriert Helga's Batikstube? Ja, die Kunst ist verkommen zur Trödelware: Holztiere aus dem Odenwald, Stoffpuppen aus Portugal, Sonnenschirme aus Hongkong, Gürtel vom Nil.

Alles bewegt sich, doch nichts kommt vom Fleck. Im Gleichschritt marschieren die Holzhunde, treten auf der Stelle, markieren eine sinnlose Parade. Es dreht sich das Karussell, es schwingen die Schiffschaukeln, alle gehen aneinander vorbei, kehren zurück, wissen nicht wie, wissen nicht wo. Ich falte

198

eine Fahne auseinander, die in einem Ständer steht:
weiß ich, was ich tue?

Inzwischen ist auf dem Rhein eine farbenpräch-
tige Armada aufgefahren: blaue Boote der Wasser-
schutzpolizei, weiße Segelboote der Hautevolee, sil-
berblitzende Aluminiumboote der DLRG, gelbe Böt-
chen, rote Kanus, orangenfarbene Matratzen. „MS
Karlsberg" hat abgelegt, sie umkreist in großem Bogen das Bootsgedränge und zieht in langsamer Fahrt
rheinauf. Von der Bootsbrücke legen die Nachen der
Schifferstecher ab. Die jungen Männer stehen sich in
den Booten gegenüber, hoch erhoben die langen
Stangen und trachten einander nach dem trockenen
Leibe. Doch einer nach dem anderen fällt und
schmeckt Rheinwasser, nur einer bleibt übrig, der
Sieger, und wenn es nach den Gesten des Ansagers
ginge, dann nähme dieser seine Trophäe von oben
entgegen, so heftig stößt er seinen Arm in die Höhe.
Es ist 15 Uhr 30. Aus einem Boot dreht eine grüne
Rauchfahne dicke Spiralen in die Luft; ihnen entge-
gen flattert ein gelbes Band, das ein Flugzeug abge-
worfen hat: an den Windzeichen entlang schweben
Fallschirmspringer wie Extraterrestrier in die mittelalterliche Szene. Bringen Sie dem Schifferstecher die
Trophäe aus dem Universum mit?

Was bleibt, ist das Wort: gesprochen, gedruckt, geschrieben. Vor dem Tor zum Hof der Maria-Ward-
Schule sitzen drei Schülerinnen der Fachhochschule
und schreiben. Es ist Johannisfest, das Schreiben der
Mädchen mit Bandzugfedern auf Ingres-Papier ist
eine kalligraphische Demonstration, wie es im Programm heißt. Die Mädchen schreiben Fraktur, Anti-
qua, Humanistische Kursive, sie schreiben sich in

die Köpfe der Leute ein, in die Gedächtnisse der Alten, in die Herzen der Kinder. Alles was erinnert wird, ist festgehalten auf Papier, geschrieben zuerst, zuletzt gedruckt. Am Nachmittag druckt Michael Wolff mein Gutenberggedicht auf einer alten Kniehebelpresse. Kinder stehen herum und schauen zu. Ich lese:

„Spiel mit Lettern:
Johannes
ersann es.
Johannes
begann es.
Johannes,
er kann es.
Johannes
gewann es.
Spiel mit Lettern:
Welt aus Brettern."

„Versteh ich nicht", sagt ein kleiner Junge, „das ist mir zu hoch." Ein Mann, der es erfaßt hat, kehrt sich mir zu, hebt den Finger, lächelt und sagt:

„Johannes,
Johannes,
am Ende
zerrann es."

Ist nun Gutenbergs Buchstabenspiel zerronnen? Unter dem Zeltdach haben sich die Dichter vor kleinem Publikum versammelt, um ihr ausgeklügeltes Letternspiel zu spielen. Es ist Spätzeit, Endzeit, Gutenberg geht um, doch die Dichter spielen, sprayen, sprechen. Ihre Sprechblasen sind zu Seifenblasen ge-

200

worden, sie zerplatzen vor ihren Lippen, als gäbe es kein Papier mehr, worauf sie gedruckt werden könnten.

27. Juni

Schon am frühen Abend drängt sich schaulustiges Publikum am Landesteg des Paquebootes „MS Primus" am Stresemann-Ufer. Herren in Pepitaanzügen, Damen im Exotenlook, aber auch junge Leute in Jeanshosen und T-Shirts, Breitbeinige und Hemdsärmelige betreten das Schiff, bevölkern die Decks, richten sich zur abendlichen Ausfahrt ein. Ich trinke eine Flasche Wolfsheimer Osterberg, Bacchus Spätlese, biete meinem Nachbarn ein Glas an, doch der sagt: „Ich bin gebürtiger Bayer, ich trink nur Bier." „MS Primus" legt ab, die letzte Sonne glänzt über dem Dom, röter leuchtet der Stein als sonst, die Karussells am Rheinufer drehen sich im Abendschein, und beim Rotieren des Ringelspiels blitzt es von farbigen Pferdchen und Autoscootern: eine deutsche Hitchcockkulisse mit Fastnachtsmusik.

Das Boot zieht talabwärts, passiert Kastel und Biebrich, doch weit vor der schönen Reede von Eltville dreht es wieder und wir kehren zurück, vorbei an der Kathedrale von Dyckerhoff, am Palast von Blendax. Ich trinke, der gebürtige Bayer sagt: „Wenn ich ein Glas Wein trinke, dann tanz ich hier auf dem Tisch." Er studiert die Speisen- und Getränkekarte, stutzt und staunt. Er liest: 6 Paar Frankfurter Würstchen mit Brot und Senf 4,80 DM, 13 Appenzeller

Käse mit Brot und Butter 6,70 DM, 20 Jägerschnitzel, Pommes frites und gemischter Salat 14,50 DM, 88 Torten und Kuchen nach Tagesangebot 3,50 DM. „Je mehr, desto weniger", sagt der Bayer, „das geht nicht mit rechten Dingen zu." Er schaut nach dem Heck, wo uns eine „Sphinx" auf der Schraube folgt, und er fragt: „Habe ich da wohl etwas verwechselt."

Im Pulk liegen die Schiffe und erwarten das Feuerwerk: das „Wappen von Köln", die „Karlsberg", die „Johann Wolfgang von Goethe", „Tamara" und „Calypso". Als plötzlich die Nacht einfällt, steigt die erste Rakete, ein Warn-, ein Ankündigungsschuß mit Donnerschlag. Doch dann gibt es kein Halten mehr. Die Sträuße sprießen empor, entfalten ihre silbernen Blüten, und nun stäubt es in tausend Farben. Der Pyromane auf dem Feuerschiff setzt einen Doppelschuß, Lilien und Orchideen blühen auf, es rattert, es knattert, es explodiert eine künstliche Flora. „Eisbäume!" ruft ein kleiner Junge, „Palmen!" sagt seine Schwester, „Papyros!" verbessert der kluge Vater aus Norddeutschland. Ein Weihnachtsstrauß, ein Silvesterbuckett, ein rasender Sternkreisel rauschen auf, fallen als Blumenregen zurück, als Goldregen, als Sterntaler. „Alles Quatsch", sagt der Bayer, „da werden Millionen verpulvert für nix und wieder nix, und wir stehen dabei und schauen zu."

Der Mond zeigt seine obere Zinke, das leichte Gewölk reißt aber bald auseinander, die Reduit von Kastel ist in bengalischen Dunst gehüllt. Nun zerfließt das Nebelmeer, und der Mond läßt auch seine untere Zinke heraus. Für den norddeutschen Vater ist es ein goldener Lamettaschmaus, ein festliches Uhrwerk Orange, eine Licht- und Farbverklärung aus Tausendundeiner Nacht. „Da ist der Mond nix gegen", sagt er, „schade, daß Sascha nicht dabei ist, der wäre total ausgeflippt." War es ein Feuerwerk? Nein, es war ein Brillantfeuerwerk, denn es hat geglänzt, geschimmert wie ein Edelsteingehänge. Der Bayer wedelt mit den Händen, greift etwas mit den Fingerspitzen: der erste Moskito für dieses Jahr.

Asche zu Asche, sagte der falsche Pfarrer am Feuergrab der Fastnacht, Asche kommt auch zu Asche im ausgeglühten Leib der Feuerwerksraketen, verraucht, verrauscht, verzischt im Wasser des Rheins. Alles geht den einen Weg, nur das Wort bleibt, das davon erzählt: im Ohr, im Buch, im Bild. Doch bevor ich den Mund zugetan habe, klingen schon die Fastnachtsschlager der letzten Kampagne auf. „Aaner geht noch!" singt jetzt auch der Bayer und greift unternehmungslustig nach einem Glas Wolfsheimer Osterberg. „Sie gestatten!" sagt er und trinkt mir zu.

Ich stehe entgeistert da. Mainz steckt an. Mainz dreht sich auf seinen Rädern und steht nicht still. Mainz bleibt Mainz, daran gibt es nichts zu rütteln. Ich schaue Wolfgang Lörcher an, mit dem ich einen Film gedreht habe, streng nach dem Festkalender, „Mainzer Feste" soll er heißen. Mainzer Feste?

Immer und überall ist Mainzer Fastnacht.